edition suhrkamp

Redaktion: Günther Busch

Volker Braun, geboren 1939 in Dresden, lebt in Berlin (DDR). Gedicht-bände: *Provokation für mich* 1965; *Vorläufiges* 1966; *Wir und nicht sie* 1970; *Gegen die symmetrische Welt* 1974. Prosa: *Das ungezwungne Leben Kasts* 1972. Stücke: *Kipper Paul Bauch* 1965; *Hinze und Kunze* 1967.

In Brauns Notaten ist der Brechtsche Gestus der Darstellung deutlich erkennbar. Erfahrungen werden zurückgebunden an die Situation, in der sie gesammelt worden sind; Widersprüchen wird widersprochen, Ideen ihre Entstehungsgeschichte nachkonstruiert, Zweifeln ihre Hoffnung ein-geschrieben, das Selbstverständliche dem fremden Blick ausgesetzt, kurz: Brauns Art zu beobachten, zu denken ist die das Dialektikers: Indem er die Dinge beschreibt, setzt er sie in Bewegung. Die hier versammelten Notizen, Essays, Stellungnahmen, Repliken sind allesamt Einübungen ins Fragen.

ker Braun

genügt nicht die einfache

hrheit

tate

ion suhrkamp

Volker Braun
Es genügt nicht die einfache
Wahrheit

Notate

Suhrkamp Verlag

edition suhrkamp 799
Erste Auflage 1976
© by Verlag Philipp Reclam jun., Leipzig 1975. Lizenzausgabe mit freundlicher
Genehmigung des Reclam Verlages, Leipzig, für die Bundesrepublik Deutschland,
Berlin (West), Österreich und die Schweiz. Printed in Germany. Alle Rechte
vorbehalten, insbesondere das der Übersetzung, des öffentlichen Vortrags und der
Übertragung durch Rundfunk und Fernsehen, auch einzelner Teile. Satz, in Linoty-
pe Garamond, Druck und Bindung bei Georg Wagner, Nördlingen. Gesamtausstat-
tung Willy Fleckhaus.

Inhalt

Vorwort

Diese Notate enthalten selbstverständlich nicht die Meinungen des Verfassers, sondern seine Überlegungen. Er besteht doch nicht auf Worten!

Die Überlegungen sind nicht gemacht, sichere Ansichten zu verbreiten. Der manchmal unerschrockene Ton ist nur ein Indiz für ihre vorläufige Bestimmung.

Und selbstverständlich widerspreche ich, wie anderen Leuten, auch mir, und zwar lieber mir.

Meinungen sind in diesen bedenklichen Zeiten ohnehin Luxus, wenn sie nicht Handlungen (z. B. des Kopfs) begleiten; und die Handlungen überholen die Meinungen.

Die lichten Momente liegen vermutlich dort, wo nach den Handlungen gefragt wird.

Provinzialismus und Masseninitiative

Es kann einer lediglich für Quark verantwortlich sein und doch guten Quark bereiten; aber es kann keiner nur für Kunst verantwortlich sein und doch andauernd welche herstellen, es sei denn er behandelt die Kunst als Quark. Denn der Stoff, aus dem Kunst gemacht wird, ist nicht zu haben wie Milch, er läßt sich nicht einhandeln und zuliefern, und die Zentrifuge, die ihn scheidet, ist zumindest ein Gehirn, das nicht einfach installiert ist und fertig.

Dies ahnend, aber auch weil ihnen die Kunst nicht ein und alles war, sondern lediglich das Wichtigste für alles, hielten sich einige größere Leute, die nun tot sind, Verantwortungen auf für öffentliche Geschehnisse. Das waren noch ausgefallene, eingeschränkte Versuche, z. B. der Minister Goethe und Becher; wenn das für viele interessant werden soll, sind nicht nur staatsorganisatorische Lösungen, sondern auch große Unternehmungen der Gesellschaft erfordert, die genügend Verantwortung hergeben.

Zwar, was jenen größeren Leuten recht war, soll nun für alle billig sein, billig zu haben. Das verspricht, und einiges mehr, der Bitterfelder Weg.[1] Was aber nicht zu übersehen ist: obwohl ihn sehr viele keuchend gehn, kann er nur zu gewissen punktuellen Zielen führen; obwohl er viele zu vielartigen Bindungen führt, ist jeder doch noch einseitig, unzureichend im Gesamtgeschehn engagiert. Das können alle kulturell-organisatorischen Maßnahmen nicht ändern.

Daher wundert es mich nicht, daß gute und beinahe ehrliche Leute trotz ihrer Kenntnis bestimmter Bereiche, trotz ihrer Verantwortung für bestimmte Dinge, provinziell schreiben. Ich sage nicht, daß andere Leute unter den gleichen Umständen nicht Literatur machen könnten. Ich meine aber, daß Provinzialismus in diesen Jahrzehnten ein *Symptom* ist für unentwickelte politische Masseninitiative; er ist eine unfreiwillige Antwort auf die, noch in der Lösung begriffenen, *politischen Fragen*. Denn es reicht nicht hin, daß einer bestimmte Bereiche tätig kennt; er braucht die bewußte Haltung

---

1 Die Stadt Bitterfeld, wo das Programm zur Vereinigung von Künstlern und Arbeitern beschlossen wurde, ist noch immer grau und unwohnlich geblieben.

des praktischen Eingreifens, die nur durch öffentliche Übung an so großen Geräten, wie es Staaten sind, erlernbar ist (in Klubs und Vereinen bleibt es bei bodenturnerischen Vorübungen), er muß verfügen können über die Wirklichkeit (nicht nur über den Ausschnitt), er braucht die Gewißheit seiner Macht. Literatur muß eine Geste dieser Macht sein.

1964

Über die positive Haltung

1

In alkoholisierter Verfassung, in gewissen leipziger Gewölben, warfen uns hamburger Studenten, die eben Brechts *Antigone* vorgeführt hatten, »Hinwendung zum Idyll« vor. Der Vorwurf war nicht durch die angenehme Lokalität veranlaßt, sie hatten ihn schon im Gepäck; eine Sprechgruppe der Karl-Marx-Universität war zuvor mit einem durch kommissionelle Prüfungen zaghaften Programm in Hamburg gewesen. Mein Freund C., der sich angesprochen fühlte, weil er uns für verdorben genug hält, uns niemals angesprochen zu fühlen, und der auch fähig ist, ganz unidyllisch zu reagieren, war von einer der Aktricen derart ab- und weggelenkt und auf andere Dinge verwiesen, und wir standen so tief im Radeberger, daß ich nicht sagen kann, ob einer von uns das mindeste gesagt hat, das zu sagen ist und das ich nun sage.

2

Die Hamburger also entdeckten einen seltsamen Widerspruch: wir nennten »die positive Haltung gegenüber dem Staat« das wichtigste Kriterium der Kunstproduktion, aber schrieben, in einem sozialistischen Staat, kaum sozialistische Gedichte.

Die haben ja so recht.

Es scheint, ihre Beobachtung ist sogar nicht frei von Freundlichkeit und Zurückhaltung, wenn wir die kühnen Worte Peter Rühmkorfs' danebensetzen: er spricht von der »kompletten Trost-, Halt- und Formlosigkeit einer Poesie, die den Höhenflügen und Aufstiegstaten der neuen Gesellschaft nachzueifern sich bemüht«, er spricht von »Dokumentationen eines durchaus exemplarischen Schwachsinns«, vom »absoluten Kümmertum«.

Der Ignorant hat sowieso recht.

1 In: *Kunststücke*. Reinbek bei Hamburg 1962.

Wir könnten uns verteidigen, vor den ärgerlichen Bürgern unsres Staates, indem wir ihnen von der neuern bundesrepublikanischen Lyrik Kenntnis verschafften, damit sie noch heilfroh über uns wären. Aber damit wäre noch nichts gesagt.

3

Wir nennen die »positive Haltung gegenüber dem Staat« wichtig für die künstlerische Produktion. Ja. Aber dieser Satz ist nur in einem bestimmten Sinne wahr.

Da ist, zum Beispiel, ein Staat. Für den bin ich, es ist ein sozialistischer. Er hat das und das möglich gemacht, und er hat die und die Möglichkeiten. Oder da ist ein anderer Staat, ein kapitalistischer. Das Gedicht darf sich oder hat sich mit dem Zustand dieser Staaten zu beschäftigen. Es gibt einen Ausschnitt; und was mich sonst für oder gegen den Staat einnimmt (das Wissen, daß ich sowieso für oder gegen diesen Staat bin), muß ich vergessen: denn nur das wird *künstlerische* Aussage, was ich an Wirklichkeit zeige, nicht was ich voraussetze, behaupte. Daß ein Staat sozialistisch ist und überlegen, ist für mich beim Schreiben nur insofern interessant, als ich es zeige. Was ich nur behaupte, ist störend, ja vernichtend. Die vorgeblich positiven Schreiber, die es nicht nötig zu haben meinen, ihre Konfession im Gedicht zu *entwickeln*, verlieren die Wirklichkeit. Sie geben den »Beweis« nicht im Gegenstand, sondern neben ihm, also gegen ihn. Ihr Bekenntnis steht als Zugabe im Gedicht oder das »Gedicht« als Zugabe in ihm. Als Dichter haben sie eine negative Haltung zum Beispiel zum Staat.

4

Mein Gott, was habe ich gesagt? Der und der soll nicht mehr beweisen wollen, als er zeigt. Das Gedicht soll genügend Wirklichkeit zeigen, um über Wirklichkeit auszusagen.

Die Schwierigkeit ist aber, ich gebe es ja zu, die Wirklichkeit durch all die Filzbrillen noch zu sehn, sie nicht aus dem

Spiegel von Meinungen zu nehmen. Sonst sprechen wir das Urteil, bevor der Prozeß begonnen hat. Es kommt nicht darauf an, Anschauung gegen Anschauung zu setzen, Literatur aus Literatur zu ziehen, sondern die Wirklichkeit anzuschaun. Und das allerdings so kühn und vielfältig, wie es die kühne und vielfältige beansprucht.

5

Diese Haltung, die ich die positive nenne, hindert nicht die »kritische Auseinandersetzung mit negativen Erscheinungen«, von der, erinnere ich mich recht, einige Flaschen lang die Rede war; sie ermöglicht sie. Ein Zustand, den ich vorführe, ist ja nichts als die vorläufige Einheit von vorläufigen Widersprüchen; ich beobachte ihn: er bewegt sich. Und das ist mit zu zeigen. Und wird es gezeigt, ist die »kritische Auseinandersetzung« da: nicht als leeres Lamento, sondern als Bild einer Wirklichkeit, die ständig über sich selbst den Stab bricht und sich in Neues verändert. Der Staat, reden wir mal davon, solange es sowas gibt, ist also nicht nur als erreichtes Ziel (unkritisch, unwirklich) zu zeigen, sondern mit dem, was aus ihm wird: das liegt in ihm. Er ist ein Prozeß. Ihm ist gerecht zu werden: er gehört nicht aufs tote Gleis gestellt. Er ist wirklich anzuerkennen: in seiner Aktion. Für ihn kann man nur sein, indem man ihn zum Handhaben (als Instrument) preisgibt.

6

Es ist eine andere Frage, wodurch diese Haltung ermöglicht wird. Sie hat freilich Ursachen, die gar nicht im jeweiligen Gegenstand liegen, sie braucht alles Wissen und Fühlen, das einer in sich sammelt (sowohl wenn er heilig nüchtern ist als auch wenn er nicht nüchtern ist, vorausgesetzt, die Ursache ist Alkohol und nicht abgestandne Ideologie). Und wenn es die Tendenz der Wirklichkeit ist, die die Tendenz des Gedichts liefert, so gehört, der da schreibt, doch zu ihr, der beschriebenen. Und die Tendenz ist nur aus der Fülle zu erkennen, nicht aus einem zu beschreibenden Fall. Deshalb also darf, für diese *Haltung, nichts* Menschliches uninteressant sein, auch wenn beim Schreiben wenig interessant bleibt.

7

Während ich noch nach dieser Antwort fische, fällt mir ein Zettel in die Hände, der wenigstens *mir* beweist, daß man was sagen kann, was man aber nicht muß; darauf entziffre ich:

»Der Grafiker Jürgen Wittdorf aus Leipzig hat uns auf Holzschnitten Gestalten von Jugendlichen vorgesetzt, die bis dahin, außer in der Wirklichkeit, überhaupt nicht vorgekommen waren. Ich wurde versucht, Gedichte zu machen, die diese Burschen lesen. Die Gedichte sind nach Erlebnissen entstanden und sollen die Erlebnisse reproduzierbar machen. Das heißt, sie mußten nicht nur die bloßen Vorgänge abschildern, sondern zugleich (agitatorisch) handhabbar sein. Sie könnten da den Jugendlichen einige Winkel ihrer Aussichten öffnen. Es kam aber darauf an, die Vorgänge zu erhalten – und nicht agitatorische Resümees, Phrasen. Das Poetische ist das Sinnlich-Konkrete. Es fließt eine Fülle des Konkreten neben uns und durch uns, aber unserm Verstand fehlt die Naivität und die Klugheit, die Dinge, wie sie dasind, zu sehn, statt sich einzuschränken auf das, was die Dinge bedeuten. Ohne diese Naivität ist die Kunst schwach, ohne das Konkrete haltlos.

Ein Gedicht, das seinen Anlaß leugnet, in der Sentenz über die bewegte Zeit steckenbleibt und nicht die Bewegung selbst in sich faßt, sieht so aus:«

(Es folgt ein Gedicht, daß einen unleserlichen Eindruck auf mich macht, es ist von mir.)

»(Die Entschuldigung, das Anliegen müsse an den Mann gebracht sein, ist keine Entschuldigung. Aber man braucht auch nicht immerzu eine Entschuldigung.) Hier haben wir nicht nur die Gewähr, daß es keine Kunst ist, wir haben auch die Gewähr, daß es politisch wirkungslos ist. Es genügt auch nicht, die Zeilen mit konkretem Neuen vollzufüllen: es muß die Tendenz dieses Neuen in poetischer Form gegeben, die poetische Idee im Vorgang aufgefunden werden. Dann hat das Gedicht *das*, was, vielleicht, das Rieseln am Rückgrat fertigbringt, es sieht so aus:«

(Es folgt ein leserliches Gedicht, das ich nun notwendiger-
weise auch unterdrücken muß.)

Dann wird es wieder unleserlich, und das ist jetzt gut.

8

Ach, am Morgen nach dem verschwommenen Abend sah ich
meinen Freund C., in einem Kinderställchen, auf den Knien,
mit flehender Stimme den Namen jener Aktrice schrein, erbittert umstellt von Gemahlin und zweien Kindern. Das ist halt
eine Haltung, Mann. Lassen wir mal das positiv oder negativ,
Frau.

1964

Meine Damen und Herrn

Noch kann ich zurück
Aus meinen Vorsätzen
Noch spiele ich meine Rolle
Kühl, mit großem Abstand
Noch stehe ich über dem Text
Noch ist mir die Maske nicht ins Fleisch gewachsen
Ich kann nicht mehr abtreten, aber ich hab viele Schlüsse
Meine Damen und Herren
Es ist vieles möglich
Ich kann mich verhüllen oder entblößen, wie Sie wollen
Ich kann auf den Haaren laufen oder noch besser
Auf zwei Beinen wie ein Clown
Entscheiden Sie sich
Noch kann ich meine Worte wenden
Noch kann ich meinen Mund umstülpen zur Trompete
Und Sie in meinem Blick halten wie in einem Strudel
Noch kann ich aus meiner Haut
Aber entscheiden Sie sich
Noch kann ich Ihnen dienen
Also äußern Sie Ihre intimen Wünsche
Sonst müßte ich Ihnen etwas vormachen

Sonst müßte ich mich festlegen auf mich
Sonst müßt ich auf meiner Stelle treten
In meiner letzten Rolle
Und mich einrollen
In diese bleibende Maske.

1964

Die Lust am Schöpferischen

Wie kann man dieses Gefühl beschreiben? Wenn ich ein Gedicht geschrieben hatte (oder was ich dafür hielt), stand ich früh auf und der Morgen war ein Genuß – als wär alles sonst anders, war ich anders. Alle Türen standen sozusagen dem Tag offen.

Und dieses Gefühl war auch ein unbestechlicher Richter: nur wenn es da war, glaubte ich die Arbeit gelungen (selbst wenn das Gefühl trog).

Später erlebte ich ein ähnliches Gefühl, wenn ich morgens von der Geliebten fortging.

So möglicherweise war den Seefahrern zumute, wenn sie eine Küste entdeckten.

Aber am stärksten ist das Gefühl, wenn die Arbeit noch nicht fertig ist, wenn die Küste erst betreten werden soll, und viele, sehr viele sollen sie mit betreten.

1965

Streit der Dichter

Wenn während eines Deichbruchs die Erdarbeiter über die Vorzüge und Bedenklichkeiten bestimmter Arten, die Schaufel auf der Nase zu balancieren, stritten und, womöglich in den Zeitungen, übereinander herfielen, würden sie bald tief genug im Wasser stehn, um der gemeinsamen Aufgaben ansichtig zu werden, oder sie würden mit gutem Recht im Schlamm untergehn.

In den sechziger Jahren begannen die hiesigen Dichter, oft bis zu den Knien in der Brühe, einander am Zeug zu flicken, was heißt: keinen guten Flecken am andern zu lassen.

Bei etlichen (panegyrischen) scheint langgestauter Unwille gegen den Aufmarsch der andern (engagierten) bösmagig durchzubrechen; sie sollten lieber zugeben, warum ihnen das Terrain streitig gemacht wurde (auch wenn es ihnen die Zeitungen scheinlich wieder einräumen).

Die andern, statt sich nun gekränkt und blindhin, von allen guten Zeitungen verlassen, zurückzuziehn, sollten, wenn schon nicht die gewissen Verdienste der ersteren, so aber die gemeinsame Sache wahrnehmen: die uns womöglich bald bis zum Halse reicht.

Diese und jene also sollten sich fragen, warum wir ins Schwimmen kommen.

Es sieht aus, als gäbe es für sie *zwei* Wirklichkeiten, selbst wenn das Wasser über unsern Köpfen zusammenschlüge.

1966

Es genügt nicht die einfache Wahrheit

Das Buch *Die Dramaturgie Brechts*[1] von Käthe Rülicke-Weiler hört dort auf, wo Brechts Stücke aufhören, die stück- und fabelbildenden Widersprüche sind antagonistische zwischen Klassen, zwischen einzelnem und Gesellschaft (was auch heißt: des einzelnen mit sich, als Staatsbürger und individueller Mensch). *Und zwar dargestellt aus der Sicht einer Klasse. Die Helden sind Feinde. Sie haben unversöhnliche Interessen. Der Kampf ist tödlich. Die einen müssen verschwinden, damit die andern leben können. Es gibt nur diese Lösung. Sie wird dem Publikum demonstriert. Es genügt die einfache Wahrheit.*

Brechts Dramaturgie hat es zum letztenmal, und nun rücksichtslos, mit Klassenkämpfen zu tun; etwas Neues ist in dieser Richtung nicht zu leisten (zumal er diesen alten Gegenstand mit der neuesten Methode anging: indem er den dialektischen Materialismus auf die deutsche Bühne brachte). Dieser Antagonismus der Widersprüche hat dem Theater massenhaft individuelle Katastrophen geliefert, er hat es überhaupt gegründet. Alle bisherige Dramatik bezog ihre Wucht und Sonderlichkeit aus dem Zerfleischen von Körpern oder wenigstens Seelen. Wie aber Stücke schreiben, »wenn der wirkliche individuelle Mensch den abstrakten Staatsbürger in sich zurücknimmt und als individueller Mensch in seinem empirischen Leben ... *Gattungswesen* geworden ist ... wenn der Mensch seine ›forces propres‹ als *gesellschaftliche* Kräfte erkannt und organisiert hat und daher die gesellschaftliche Kraft nicht mehr in der Gestalt der *politischen* Kraft von sich trennt«?[2]

Diese menschliche Befreiung ist ein langer Prozeß, und die jeweiligen Widersprüche, die ihn machen, müssen wir stückweise, in Stücken, sich äußern lassen; es ist müßig, aus den abzusehenden Zielen der gesellschaftlichen Entwicklung eine Dramaturgie aus der Zukunft auf heutige Stoffe zu pressen. Der aufwühlendste Widerspruch zwischen den Leuten, die in die sozialistischen Revolutionen verwickelt sind, ist der neuartige zwischen den politisch *Führenden* (die bewußt die Umge-

1 Berlin 1966.
2 Karl Marx, *Zur Judenfrage*. In: Marx/Engels, *Werke*, Band 1. Berlin 1957.

staltung der Gesellschaft organisieren oder bewußt oder unbewußt hemmen) und den *Geführten* (die bewußt oder unbewußt die Pläne realisieren oder kritisieren). Auf beiden Seiten Aktivität und Trägheit, Hoffnung und Resignation. Auf beiden Seiten Entbehrung und Wohlleben, Anerkennung und Verlust. Es unterscheidet sie nicht der Charakter, kaum der Besitz, aber sehr die Mittel ihrer Macht. Dabei sind die Leute nicht in Klassen auf eine Seite genagelt, sie werfen sich selber hin und her.

Dieser bewegliche Widerspruch wird zunächst überdeckt von dem fortdauernden klassenantagonistischen, da die großen Besitzenden, wenn auch immer mehr nur von außen, Einfluß behalten. Aber immer gewichtiger, wesentlich werden offensichtlich die neuartigen, nicht klassenantagonistischen. Sie erzwingen – einfach dadurch, daß wir sie erzählen – eine neue Dramaturgie. *Sie stellt nicht dar aus der Sicht einer Klasse. Die Helden sind Freunde. Sie haben, entsprechend ihrer politischen und sozialen Stellung, unterschiedliche Interessen. Der Kampf muß nicht tödlich sein. Alle sollen menschlicher leben. Es gibt keine »Lösung«. Sie muß dem Publikum mit überlassen werden. Es bedarf umfassenden Wissens über den Bau der Gesellschaft.*

1966

Lob der Massen

Die Partei arbeitet für alle
Aber sie schafft nicht alle Arbeit.
Die Partei weist einen Weg
Aber sie braucht die Weisheit aller.

Nur alle sind gerade genug.

Von ihnen geht sie aus, und zu ihnen geht sie
Aber in ihnen wird sie aufgehen ganz.

Sie sind die Kraft der Partei.
Sie sagt: richtet euch auf!
Und sie erreichen die volle Größe.
Die Partei ist der Vortrupp
Aber sie sind das Heer
Das die Schlacht schlägt.

1965

Eine große Zeit für Kunst?
(Auf eine Umfrage)

Es ist noch nicht zu widerlegen, daß Gedichten nicht leicht etwas zugestanden wird, das der Wissenschaft Teil längst ist: Kritik zu üben an gesellschaftlichen Verhältnissen. In unsern Ämtern herrscht eine seltsame Abneigung gegen Papier, wenn sich darauf nicht begnügt wird mit reinem Lob des gerade Erreichten. Bevor manch einer der Dichtung Staatsverbesserung zubilligen will, sieht er sie lieber beschränkt auf Bestätigung und Erbauung (vgl. die größern Dichterlesungen seit *Ende* 1963 bis zum Abklingen 1964); das scheint sehr tolerant, bescheiden, freizügig: es wird lieber gar kein Nutzen gefordert; Probleme, die auf dem Plenum behandelt werden, dichterisch anzufassen (vor oder nach dem Plenum) heißt, höre ich, ein verletzendes Endurteil fällen – so heilig und geachtet ist die Dichtung.

Ich mache es mir leicht: schuld an ihrer Heiligkeit ist die Dichtung selbst. Aber wer will von Schuld sprechen! Es bedeutet eine Zeit- und Talenteinsparung, in Gedichten die Gesellschaft auszusparen; es ist doch wirklich möglich, gute und zugleich nutzlose – oder sagen wir zeitlose – Gedichte zu schreiben. Diese verwirrten den öffentlichen Sinn für Aufgabe und Schönheit des Gedichts.

Ich will nichts sagen gegen den Wunsch, Gedichte mögen die Wirklichkeit lediglich feiern – außer: was heißt feiern? und was heißt Wirklichkeit? Ist sie nicht etwas Vorwärtsgehendes, selbst nicht mit sich Zufriedenes, Kritisches? Ist denn die Wirklichkeit noch im Gedicht, wenn sie plötzlich ein – wenngleich schöner – Status ist, mit dem sich das Gedicht abfindet? Wenn sie kein Prozeß mehr ist, der nach vorn offen ist: und auch offen als Auslug und Schießscharte des Gedichts? Heißt es diese Wirklichkeit feiern, wenn man sie behandelt wie eine Misere: als hätte sie nicht Möglichkeiten, als wär nichts zu machen mit ihr?

Reden wir von was anderem als dieser heiligen Lyrik, von etwas, das in seinen Rechten und seinem Nutzen der Wissenschaft entspricht. Reden wir von nichts Neuem, denn das hat seine Geschichte und glanzvollen Vorläufer, und nur daß es üblich wird, ist eine Revolution in der Kunst.

Die Dichtung stieg vom Himmel ihrer Klassizität, in dem die Strumpfwirker aus Apolda wenig zu suchen hatten, wieder auf die Erde herab, als die Schreiber das Elend der Weber in Schlesien und Lancashire rührte; und wenn sie sagte:

»Mann der Arbeit, aufgewacht!«,

versuchte sie auch sich selbst zu wecken, und wenn sie sagte:

»Und erkenne deine Macht!«[1],

war das auch zu sich selbst gesprochen. Es war ein langer Weg von, sagen wir, Herwegh, der eine veränderungsbedürftige Welt herzeigte, bis zu, sagen wir, Brecht, der sie als veränderlich zeigte. Auf diesem rauhen Weg wurde sie notgedrungen realistischer, sie mußte die Wirklichkeit nehmen, wie sie ist, sie mußte sich, wenn sie die Wirklichkeit bestimmte, von ihr bestimmen lassen.

Das war in Weimar oder Homburg vor der Höhe nicht unbedingt üblich gewesen, dort hatte man zwar »das durchaus Scheisige dieser zeitlichen Herrlichkeit« erkannt[2], aber hielt sich notfalls an Ideale, die nicht aus der Wirklichkeit gezogen, sondern ihr aufgesetzt waren und der unwürdigen entgegengehalten – ein heroisches Verfahren, aus dem der klassischen Dichtung diese Kraft und Weltfremdheit herkam. Sie war Protest gegen die Entfremdung der menschlichen Verhältnisse und Form der Entfremdung zugleich. Aus der Tyrannis der wirklichen Gegenstände, die ihnen nicht gehörten, brachen die Dichter auf in ein Asyl, in dem sie Könige waren. (Je mehr aber die Kunst bewußter, revolutionärer Protest war, desto besser war in ihr die Entfremdung enthüllt und desto weniger sie selbst entfremdet.)

Mit den Gegenständen einer »natürlich« werdenden Gesellschaft (um Schillers schönes falsches Wort zu retten) wird ein anderer Umgang möglich. Die Schreiber beherrschen sie auf ihrem Papier besser, weil sie uns eigener werden. Weil die Welt sich ordnet: nicht in der Illusion, sondern in den geplanten Tätigkeiten. Die »natürliche« Gesellschaft interessiert uns

1 Georg Herwegh, *Bundeslied für den Allgemeinen Deutschen Arbeiterverein*. In: *Der Freiheit eine Gasse. Aus dem Leben und Werk Georg Herweghs*. Berlin 1948.
2 Johann Wolfgang Goethe, Brief an Johann Heinrich Merck vom 22. Januar 1776. In: *Goethes Werke*, IV. Abteilung, Band 3. Weimar 1888.

nicht als Ideal, sondern als Prozeß, der begonnen hat; in ihm oder nirgendwo ist zu finden, was über ihn hinausreicht. So bleibt nur eins für die Dichtung interessant: die wirkliche Bewegung. Wie kommt die ins Gedicht?

Nicht dadurch, daß das gegenständliche Material als zufällige Häufung oder Reihung in eine übernommene, okkupierte Form gefüllt wird oder formlos bleibt. Die Gesetze der Bewegung der Wirklichkeit müssen Gesetze des strukturellen Aufbaus des Gedichts sein. Das Abbild muß sich die Dialektik des Gegenstands als Form aneignen, um zum Gebilde zu werden. Die Widersprüche im Gegenstand müssen als Widersprüche im Abbild funktionieren (bzw. in der Beziehung Gedicht – Leser, Hörer: in scheinbarer Übereinstimmung mit dem gegenständlichen Vorgang kann der Widerspruch durch Ironie angemeldet werden, die jeden Satz verfremdet und das Furchtbare oder Lächerliche unwidersprochen paradieren läßt, um es zu entlarven und ad absurdum zu führen. Auch auf diese Weise lassen sich noch wirkungsvolle politische Gedichte machen; es ist noch ihre Hauptweise[3]), so wird auch das Abbild Prozeß und historisch; selbst wo das Abbild nur einen Moment gibt, zeigt es ihn als vorläufig.

Dialektisch zu strukturieren verstanden auch die klassischen Dichter, in bewußter Rezeption der Philosophen. So Hölderlin, Fichte-Hörer, Stiftsbruder Hegels; wir wissen nun, auf wie viele Strophen seine großen Hymnenfragmente gedacht

---

3 Ihr bedeutendster Mann ist Hans Magnus Enzensberger; sein Gedicht *blindlings* beginnt so:

> siegreich sein
> wird die sache der sehenden
> die einäugigen
> haben sie in die hand genommen
> die macht ergriffen
> und den blinden zum könig gemacht
>
> an der abgeriegelten grenze stehn
> blindekuhspielende polizisten
> zuweilen erhaschen sie einen augenarzt
> nach dem gefahndet wird
> wegen staatsgefährdender umtriebe.

Es ist enthalten in *Landessprache*, Frankfurt am Main 1960.

waren. Er hat Kampf und Einheit der Gegensätze immer
bewußter zu seiner Methode gemacht, Teilen und Vereinigen
der Motive, Strophe gegen Strophe und in die dritte, »Form«
gegen »Form« und »Stoff« gegen »Stoff« und alles zuletzt
ausgeglichen mit »durchgängiger Metapher«[4], Strophengrup-
pen gegeneinander als Negation der Negation. Aber immer
wieder schlug das Wirkliche um ins fatal Utopische, die
Gegenstände gerieten in die Faust des Mythos, der ihnen die
eigne Bewegung raubte, der sie zerdrückte. Die Methode der
»sentimentalischen« Dichtung war idealistische Dialektik. Sie
nahm die immanenten Widersprüche als Triebkräfte der Entwicklung, aber selbst und gerade bei Hegel, dem sentimenta-
lischsten Philosophen, fand der fünfundzwanzigjährige Marx
zu kritisieren: er fasse den Widerspruch der Erscheinung als
Einheit im Wesen, in der Idee – während der Widerspruch ein
Tieferes zu seinem Wesen habe, nämlich einen wesentlichen
Widerspruch. Die materialistische Dialektik ist nicht eine
»materialisierte« idealistische, sondern sie geht von der Bewegung des Materiellen selbst aus, sie erklärt ihre Widersprüche,
ihre Notwendigkeit, ihre *eigentümliche* Bedeutung.[5] Sie ist
nicht Sache der Logik, sie ist Logik der Sache. Deshalb ist sie
im Wesen revolutionär: und die Überlegenheit des Schreibers
wird realistisch, nicht verzweifelt oder zynisch, er bezieht sie
aus dem Gegenstand und nicht gegen ihn: er packt den
Gegenstand dort, wo dieser gegen sich ist, sein Widerspruch
ist immer gestützt von Widerspruch im Gegenstand selbst, er
geht nie weiter, als daß der Gegenstand ihm, irgendwann und
irgendwie, folgen könnte, er übt nicht, ohnmächtig, Protest
gegen die Wirklichkeit, sondern Protest *für* die Wirklichkeit,
für ihre immanente Veränderung. Und er kann sich nicht mit
dem Abschildern des landläufig Bemerkten abfinden, er zeigt
Tiefen und Konsequenzen auf, die er im Material auffindet. Er
geht ans Ende, er trägt die Widersprüche aus und nicht ab,
konsequent, schonungslos und nichts beschönigend: selbst im
Vorweg, indem er die Möglichkeiten der Sache im Gedicht
wahrnimmt und mit ihnen oder einer von ihnen ernst macht

---

4 Vgl. Friedrich Hölderlins Anmerkung auf dem Entwurf zur Hymne *Der Rhein*,
zitiert in: *Hölderlins späte Hymnen*, München o. J.
5 Vgl. *Kritik des Hegelschen Staatsrechts*. In: Marx/Engels, *Werke*, Band 1. Berlin
1957.

(das Gebilde wird Vorbild: fordernd oder warnend). Der antithetische Gang des Gedichts selbst wird zu Resultaten im Gedicht führen, die, da sie aus der Sache kommen, für die Sache wirken, für ihren realen Gang einen idellen Vorlauf schaffen aus Erkenntnis, Bereitschaft, Lust. Das Gedicht wird fordern, was die Sache erfordert, es wird operativ. Es wird kühn sein wie die Sache, für die es sich engagiert.[6]

So geschieht die »Rückkehr« der Dichtung zur alten, »vor-sentimentalischen«, aber ohne daß sie leugnet, durch die sentimentalische (entfremdete) hindurchgegangen zu sein: Dichtung wird wieder naiv, aber nicht arm, borniert; sie faßt die Gegenstände, aber nicht nur die Erscheinungen, nicht knechtisch; sie bildet ab, aber nicht kontemplativ; sie will Totalität, aber veränderliche. Sie übernimmt aus dem Sentimentalischen allen künstlerischen Fortschritt, aber ihr Sentiment kommt nicht aus Sehnsucht nach der »Natur« (der »natürlichen« Gesellschaft), sondern aus Vergnügen oder Mißvergnügen an ihr; da wird sich Schillers unerhörte Frage, »ob und inwiefern in demselben Kunstwerk Individualität mit Idealität zu vereinigen sei – ob sich also (welches auf eins hinausläuft) eine Koalition des alten Dichtercharakters mit dem modernen gedenken lasse, welche, wenn sie wirklich stattfände, als der höchste Gipfel aller Kunst zu betrachten sein würde«,[7] beantworten lassen.

Diese Dichtung, auch in ihren unfertigen Gestalten, überschreitet ihre heiligen Befugnisse und fragt nicht nach Ämtern, die ihr das Amt verbieten, und Würden, die sie zur bloßen Loberin herabwürdigen. Diese insgesamt vom Zustand der Gesellschaft erzählende Dichtung, die keine »Nachahmung«

6 Wenn in unserer führenden Tageszeitung gewarnt wird vor »›dialektischem‹ Gehabe um jeden Preis, das unbekümmert um Realitäten auszieht, in jedwedem Ding den ›Widerspruch‹ denken zu lernen«, und behauptet wird, wer sich so »hat« mit den Dingen, der »verläßt den Boden materialistischer und historischer Dialektik«, so nimmt sich das seltsam dunkel aus; und es ist wohl zu spüren, daß solche Warnungen nur Vorwand sind und der Verfasser, um mit einigen unbequemen Gedichten fertig zu werden, anempfohlen bekam oder sich anempfohlen hat, lieber von irrationalistischer Position aus zu kritisieren, als diesen kritischen Gedichten eine Position einzuräumen. Kritik um jeden Preis ist sicher blanker Unfug; aber Dialektik »um jeden Preis« als undialektisch zu denunzieren, das sollte heute nicht wieder Methode werden.

7 *Über naive und sentimentalische Dichtung.* In: Horenausgabe, Band 12. Leipzig 1914.

der Wirklichkeit gibt (die Wirklichkeit nicht als Selbstverständliches gibt), sondern bewußt eine aktive Haltung zur Wirklichkeit einnimmt, die bewußt *bestimmte* Emotionen, Haltungen zu erzeugen sucht, ohne ihre eigne Unfehlbarkeit zu suggerieren (die also die Vorgänge und sich selbst der Kritik anbietet), die, wie gesagt, nichts Neues ist, aber das Übliche werden kann, kommt der Politik ins Gehege: als Partnerin. Woher da noch das Mißtrauen, als aus einer alten Kunst! Woher die Unterstellung, kritische Dichtung laufe der Politik zuwider, wenn die Politik realistisch ist! Woher die Anmaßung, ohne diese Dichtung auskommen zu wollen, wenn sie möglich ist!

Daß sie möglich ist – bedeutet das eine große Zeit für Kunst? In der Vergangenheit waren Zeiten rascher Entwicklung der Produktivkräfte nicht immer, sondern kaum Blütezeiten der Kunst. Die »Goethezeit« war zu Ende, als die industrielle Revolution in Deutschland begann. Ich halte es für heute *möglich,* daß mit der sozialistischen technischen Evolution (von einer technischen Revolution kann man nur in der Waffentechnik sprechen) zugleich eine Kunstzeit beginnt. Das wäre neu, aber neu ist auch, daß hier eine Gesellschaft als Ganzes sich in Bewegung setzt und große Stoffe, bedeutende Wirklichkeit griffbereit sind (und Goethes »Wem die Natur ihr offenbares Geheimnis zu enthüllen anfängt, der empfindet eine unwiderstehliche Sehnsucht nach ihrer würdigsten Auslegerin, der Kunst«[8] gilt wohl auch für die Natur der Gesellschaft, deren Gesetze sich uns enthüllen). Der technische und der ideologische Fortschritt können nicht mehr so kraß auseinanderklaffen, wenn die gesellschaftliche Entwicklung bewußt und alle dienlichen Tätigkeiten nutzend vollzogen wird. Wenn sie harmonischer wird, nicht einseitig und aus Verlegenheiten auf einzelnen Gebieten hypertrophierend. Falls diese Zeit der Kunst günstig ist – mich wird es nicht wundern. Aber das entscheidet nicht allein die Kunst.

1966

8 *Maximen und Reflexionen. Aus »Kunst und Altertum«, vierten Bandes zweites Heft.* In: Berliner Ausgabe, Band 18. 1972.

Notiz

Unsere Arbeit wäre nicht sinnvoll, wenn sie nirgends auf Widerstand stieße. Wir müssen gewisse Leute aus ihren Reservaten herauslocken, sie sollen ans Licht treten und sich eine Blöße geben mit ihrer nackten Meinung. Schon daß sie einiges Nötige ablehnen, wird sie hinlänglich charakterisieren als unnötige Leute; sie werden sich so lange in den Regen stellen, bis er stark genug sein wird.

1967

Ans Ende gehn?

Der Satz, der Dichter solle bis ans Ende gehn, besagt nicht, das Gedicht solle bis ans Ende gehn: es kann dem Leser, der zum Gedicht gehört wie der Fahrer zum Wagen, den Schluß überlassen. Das Bedürfnis nach unfertigen, lediglich »programmierten« Gedichten, die der Leser in seinem Schädel vollenden kann, in vielleicht individueller Weise, mit einigem Spielraum für das Resultat je nach Vermögen und Notdurft, hörte ich jetzt einigemale von Jugendlichen geäußert. (Sie meinten auch nicht nur Gedichte. Es waren Zeitungsleser.)

Es gibt schon einen Haufen solcher »unfertiger« Gedichte, Geschichten, Stücke, mit denen die Schreiber die Leser in eine andere, vordere Position bringen als den gedichteten Vorgang.

Man könnte aber annehmen, das Mißbehagen bezöge sich nicht nur auf die Enden, sondern die ganze Art des Textes, wie er sich anbietet, wie er gefressen werden muß. Man könnte, um uns den Boden wegzuschlagen, damit wir wegtreten aus unserer Geruhsamkeit, folgendes sagen:

»Das ist eine biedermännische, borniere Angewohnheit, fertige Gebilde zu verkaufen, die nur genossen zu werden brauchen. Wir können so nicht weiter arbeiten: alles auszuführen, geronnene Satzgefüge, abgestanden zwischen den Buchdeckeln, das ist sauer, eh es in den Laden kommt. Was soll das, das lediglich nachempfunden werden soll von anderen Leuten, die selber empfindlich genug sind? Wir sollten poetisches Material ins Gehirn melden, das dort verschieden montiert und optimiert werden kann, Ketten von poetischen Informationen, nicht mehr, als daß sie zu funktionieren beginnen und selbst gesteuert werden können, wie ein Wagen. Sie müssen sauber, intakt und verläßlich sein – und dem Käufer viel Konzentration und Geschicklichkeit abverlangen. Die Kunst ist keine Trambahn auf sturen Gleisen, für halbblinde Passagiere! Wenn die Kunst ans Ende gehn soll, warum nicht ans Ende des bisherigen Kunst?«

Das könnte man sagen. Aber dann würden wir, verstockt und erschrocken, nicht mal das Mögliche machen.

1967

Kein verkehrtes Bewußtsein

Das Wehklagen (wie es dem Dichter Kuba entfuhr) über das zurückgebliebene Bewußtsein der Massen ist töricht. Töricht ist auch der Wunsch, das Bewußtsein durch bloße »Überzeugungsarbeit« zu »heben«. (Wohinauf heben? Oder es gar abheben vom Tun der Leute? Wie ein verkehrtes Bewußtsein?) Da wird immer wieder das Bewußtsein als eine Sache an sich betrachtet, die einer zu haben hat und verabreicht bekommt. Bewußtsein war aber immer eine sehr praktische Angelegenheit, eine Sache der Praxis. Nur durch stärkeres praktisches Beteiligtsein am politischen Prozeß wird auch das idelle Beteiligtsein stärker. Staatsbewußtsein kann sich nur gut entwickeln *im* Mitverfügen über den Staat, es wird mächtiger, je mehr die Bürger direkt, und dadurch bewußt, Macht ausüben (Entscheidungen mit finden und mit vollziehn). Es wäre also nicht das Zurückbleiben des politischen Bewußtseins zu beklagen, sondern das Zurückbleiben der politischen Massenhandlungen: dann käme man, und massenhaft, eher darauf, nach den objektiven Ursachen zu fragen, die Klagen hinunterzuschlucken, aufzustehn zu Tätigkeiten.

Freilich, auch *Zuschauer* können begeistert sein für etwas, z. B. für Fußballspielen. Aber wenn das Spiel nicht flutscht, werden sie alsbald die Lust verlieren: sie können nicht eingreifen, sie können das Spiel nicht bessern. Ihr Mitleid mit schlechten Mannschaften ist sehr begrenzt. Was sie bei schönem Spiel vergessen in ihrer lauthalsen Euphorie, da merken sie es: *sie* können keine Tore schießen.

1967

Regierungserlaß

Du bist nicht nur gut für die Drehbank, den Dumper
Den Platzkartenschalter: dein Name ist nötig
Auf den Dekreten, deine Stimme erst
Leiht den Gesetzen Kraft. Aber wer hört sie
Wenn du den Stahl treibst und nichts weiter
Wo bleibt sie ab, deine Sache, unbesehn
Vor aller Augen? Schweige du, betäubt
Vom Schichtsoll: und die Schwäche bläht sich
Auf den Sesseln. Schließe die Lider im Schweiß
Und die Macht ist einsam, sich selbst
Verloren. Dein guter Rat
Ist hier teuer. Unbesehn nimm
Keinen Plan, keinen Ruhm, keine Ruhe. Treu und Glauben
Sind Sprüche auf faulem Holz
Vor die Köpfe genagelt. Wer wenn nicht du
Der das Öl kippt ins Getriebe und karrt
Und Gas gibt, reinigt vom Unrat
Die Maschine des Staats? du bist gut
Deine Sache zu treiben, vor aller Augen
Wie den Stahl auf der Drehbank, den Pflug
Ins verschlossene Feld.

1967

Auf einer zentralen Sitzung wurde der Vorsitzende einer Wahlkommission berufen. Die Zeitungen berichteten, der Veteranenklub Pankow habe gefordert, dem verdienten Mann diese Funktion zu geben.

Es ist ein Beschluß gefaßt worden, demokratischen Inhalts. Den Zeitungsmeldungen nach hat der Beschluß auch eine *augenfällig* demokratische Entstehung: er geht unmittelbar, auf direktem Weg, vom Volk aus, und zwar von den Veteranen in Pankow!

Es mögen nun sechs oder zwei Veteranen gewesen sein – der Vorschlag eines Klubs kann nicht zu einem solchen Beschluß geführt haben. Sondern. Sondern der Beschluß wurde autoritär gefaßt (nämlich von einer zum Zwecke solcher Beschlüsse gewählten Autorität: die damit ihre verlangte Arbeit tat, ihre vom Volk verlangte, das nichts dagegen hat, solange sie die Arbeit richtig tut) – und wurde nachträglich »demokratisiert«, das heißt: nicht etwa nur der Nutzen für DAS VOLK und nicht nur die Billigung durch DAS VOLK wurden behauptet, sondern daß DAS VOLK den Beschluß höchst eigenhändig erlassen habe, und nicht etwa eine Institution.

Dieser übliche Rummel, allem einen *zusätzlichen* demokratischen *Anstrich* zu geben, deutet auf ein starkes Abhängigkeitsgefühl der Gesetzgeber gegenüber dem Volk hin. Sie scheinen im Hinterkopf zu haben, das ganze Volk müsse jetzt und endlich vieles unmittelbar mitentscheiden. Das ist zwar eine Hauptsache, aber keine Tagesaufgabe: keine Aufgabe für nur einen Tag. Sie wird nicht gelöst, indem man eine Lösung vortäuscht.

Die Gesetzgeber aber wollen mitunter vergessen machen, daß sie Gesetzgeber sind, als dürfe man nicht wissen, daß sie es sind, als sei schlimm, daß sie es sind.

Das wiederum macht hoffnungsvoll.

1967

Künftige Bezirke des Sozialismus
(Notiz nach der Ostermarsch-Deutschland-Tournee 1968)

I

Dies nahe Land, das wir kaum kennen, hat sich entwickelt. Ich habe es mit Heiterkeit betrachtet, als würde unsre Kolonne ein Terrain abfahren, das damit dem Volk zufällt. Ich sah die großen bald volkseigenen Betriebe, die Wälder, die künftigen Gewerkschafts-Heime. Es ist hier gut vorgearbeitet worden. Die hellen Dörfer und hohen Städte entsprechen durchaus meinen niedrigsten Vorstellungen von sozialistischer Landschaft. Der Kapitalismus ist die beste Ordnung, die wir uns als Vorläufer der unsern wünschen können. In seinem Schoß wächst riesig der Embryo des Sozialismus heran, Produktivkräfte, die gewaltig zur Integration neigen, die sich vergesellschaften – in bald unhaltbarem Widerspruch zu den Besitzverhältnissen. Denn die Fülle enormer Details macht keine Harmonie. Die Dörfer sind bedroht und die Städte mit sich zerfallen. Die Betriebe wachsen nicht schön zusammen: sie verschlingen einander. Der schöne Besitz trennt die Leute, in kämpfende Klassen. In den Wäldern wohnen die Armeen.

Noch mehr als die Landschaft sind die Leute verändert. Fast allen geht es gut, und viele haben sich gewöhnt, das schon gut zu finden. Die sind eingemeindet in die fremden Betriebe mit allen Gedanken. Die wollen diese Lage nicht ändern. Die bringen es fertig und streiken *für* die Beibehaltung des sozialen Status. Die holen rote Fahnen von den Neubauten und verprügeln Demonstranten. Es ist hier zurückgearbeitet worden zum Niveau der Zwergschulen. Der Kapitalismus ist die schlimmste Ordnung, die vor unsrer herrschen konnte. Andere Leute, die noch denken können mit all dem Zeitungspapier im Kopf, Gewerkschaftler, und Studenten, die ja nichts zu verlieren haben als ihre beschränkten Professoren, laufen herum mit Kenntnissen und Plakaten und betrachten finster die Welt. Die besten von ihnen geben sich nicht zufrieden mit Betrachtung, sie drängen zur Aktion und lassen nur gelten, was zur Aktion drängt. Sie laufen nicht ins Abseits, sie pfeifen das ruhige Spiel aus. Das sind keine Scharlatane, gleich wie sie sich gebärden. Die Jakobinermütze war auch kein Salonhut. Kurze Haare garantieren nicht lange Gedanken. Es ist ein Unsinn, diese Genossen als »links von uns« abzuweisen, die doch nur mit vielen Mitteln versuchen, aus der Anstalt, die sie »establishment« nennen, auszubrechen – mit den Mitteln, die ihnen die Außenwelt reicht und die sie nicht geruhsam sondieren können. Es ist töricht, sie, nur weil sie (wie wir!) auch mit unsern Errungenschaften nicht zufrieden sind und weil sie unsere Strategie für so wenig absolut nehmen wie die ihre, nicht als Verbündete zu sehen. Wenn wir sie wegen ihres andern Blickfelds aus unserm verbannen, zeigt das nur die Begrenztheit unsres Blickfelds.

Es ist ein Unsinn aber auch, sich links von uns zu fühlen, wenn man selber erst nur im *Denken* links ist. Manche der Warmblütigsten wollen nicht den besonderen Status wahrnehmen, in den wir geraten sind, weil hier die Ideen zur Praxis wurden und sich Verhältnisse aus Sand, Stahl, Beton und Fleisch nicht schnell bewegen lassen wie Ideen. Gegen eine taktische, vorsichtige Politik läßt sich vom Standpunkt Ziel immer viel *sagen*. Die ins Handeln verwickelt sind, werden alsbald auf einige harte Notwendigkeiten stoßen mit ihren schnellen Köpfen. Wir warten nicht auf Verständnis, wir versuchen, mehr zu verstehn. Wir haben nichts gegen Korrekturen, wir korrigieren uns selbst unablässig: auch die *Schnelligkeit* des Korrigierens. Wir holen allmählich eine Zeit her, in der wir nicht mehr mit den Aufgaben kämpfen, sondern sie beherrschen. Diese Überlegenheit ist nicht im Kopf zu erreichen, sie ist eine völlig praktische Frage. Und sie kann nicht von wenigen erreicht werden, sondern *nur* in der eingreifenden Tätigkeit der *Massen. Das* ist unsre politische Aufgabe, eine linkere gibt es nicht.

Und es ist auch töricht, *uns* nicht als Verbündete haben zu wollen in der weltweiten und noch fragmentarischen Revolution. Wenn der Bach zum Meer will, muß er in den Fluß gehn. Das Land ist zu weit für Alleingänge. Deutschland hat zu viel Sand in seiner Niederung. Ich sage Fluß, und nicht: altes Urstromtal; an dessen Versteinerungen setzen wir die Bagger.

Vieles trennt die vielen linken Bewegungen. Aber kritisieren wir nicht nur das Denken, kritisieren wir die Umstände, durch die es verwirrt wird. Kritisieren wir den Alleingang und das

Alleinlassen der Bewegungen. Es ist eine Illusion, eine Einheit (die »Reinheit«) des Denkens *aufklärerisch* erreichen zu wollen; vereinigen (koordinieren) wir unsere Handlungen. Die Junghegelianer liegen auf den Friedhöfen, hängen wir uns nicht ihre Grabsteine um den Hals. Das Bewußtsein der richtigen Strategie läßt sich nur praktisch erfahren: und von so vielen, wie in die Praxis einbezogen sind. Deshalb muß unsre Praxis auf alle revolutionären Bewegungen gerichtet sein.

Diese künftigen Bezirke des Denkens sah ich vor mir. Durch das nahe Land, das wir kaum kennen, das von Widersprüchen vibriert, fuhren wir heiter, redend mit vielen Freunden. Und die konnte ich sehn, schon, als unsre künftigen Genossen.

2

Bei den ersten, kurzen, Lesungen während der Ostermarsch-Deutschland-Tournee, zu der ich eingeladen war, machte ich womöglich den Eindruck, ein hergeschickter Kritiker der bundesdeutschen Notstände zu sein und nichts weiter. Ich wollte, wie ich es gewohnt bin, Gedichte lesen, die am Platze sind. Das engagierte und auf wenige Schußlinien eingerichtete Programm des Ensembles schien meinem Vorsatz recht zu geben, und gegen ihn wäre nichts zu sagen, *wenn* nicht die Zuschauer von mir anderes erwartet hätten. (Bei andern Zuschauern hätte es Spaß gemacht, die Erwartung gründlich zu enttäuschen:) diese aber waren in ihrer Mehrheit Linke, was nicht sogleich zu begreifen war, wenn sie zischten bei Sätzen wie: In Hessen rede ich über Hessen. Sie erwarteten *mehr*, und ich war für sie mehr als der beliebige Schreiber: ich war Bürger der DDR. Einer, der was zu sagen hat nicht nur über ihren Staat, sondern über seinen Staat, weil er in ihm was zu sagen haben müßte. Als dieses Sagen ausblieb, entlud sich auf mich einiges vom Ressentiment gegen diesen Staat. Jene Texte, die am Platze waren, schienen eine ungenügende Stellungnahme, die aussieht, als hätte die DDR keine Probleme. Und da sie ungenügend schien denen, für die gelesen wurde, hatten diese Leute wirklich recht. (Als ich bei weiteren Lesungen zuerst ein Gedicht brachte, das ich in der DDR lese, waren sie »aufgeschlossen« und nahmen nachher die Warnung vor den

Entwicklungen in ihrem Staat als das, was sie sein soll: Unterstützung ihrer Arbeit, Handreichung.)

Aber jedes Ding hat einige andere Seiten; auch den Hut, den man sich aufsetzt, kann man umstülpen. Etwa so: es ist noch eine, begreifliche, Borniertheit, einen Mann nur als Bürger eines Staates zu nehmen, daß er also von diesem Staat zu sagen und zu singen hat. Ich könnte erwarten, z. B. als Deutscher genommen zu werden, der von zwei Staaten spricht; aber auch damit wäre ich nicht zufrieden: da wär mehr Leder, aber noch immer kein Schuh. Als was könnten Kommunisten stehn auf gleich welchem Boden, wenn nicht als Internationalisten? Wovon könnten sie reden zu gleich welchen Leuten, wenn nicht von den Aufgaben dieser Leute? Es geht uns wie Antaius: ihm gibt jeder Boden Kraft, zu arbeiten an Ort und Stelle.

1968

Fragen eines Arbeiters während der Revolution

So viele Berichte.
So wenig Fragen.
Die Zeitungen melden unsere Macht.
Wie viele von uns
Nur weil sie nichts zu melden hatten
Halten noch immer den Mund versteckt
Wie ein Schamteil?
Die Sender funken der Welt unsern Kurs.
Wie, an den laufenden Maschinen, bleibt
Uns eine Wahl zwischen zwei Hebeln?
Auf den Plätzen stehn unsere Namen.
Steht jeder auf dem Platz
Die neuen Beschlüsse
Zu verfügen? Viele verfügen sich nur
In die Fabriken. Auf den Thronen sitzen
Unsre Leute: fragen wir uns
Oft genug? Warum
Reden wir nicht immer?

1968

Geschichtsloser Raum

Bisher hat sich unsere Literatur oft damit begnügt, *Symptome*
für die treibenden und hemmenden Vorgänge unserer Revolution zu zeigen, aber sie hat kaum diese Vorgänge selbst
gezeigt, geschweige denn ihre Wechselwirkung, ihre Notwendigkeit erklärt. Die Symptome erscheinen da in einem natio-
nalen oder gar geschichtslosen Raum. Sie erlauben selten
Schlußfolgerungen, sie wirken da in ihrer geschichtlichen
Abstraktheit (Zufälligkeit) eher lähmend als beflügelnd. Die
Theorie, die das trägt, ist blaß; die Praxis, wo sie ihr folgt, ist
pragmatisch. Die Literatur operiert da innerhalb der Grenzen
dieser Revolution, statt *mit ihr* die Grenzen aufzusprengen.
  Es wird aber nicht gehn, von den Symptomen her nun den
gesellschaftlichen Kausalkomplex aufzudecken, von den Geschichten her die Geschichte. Nur aus der Geschichte (den
fünfzig Jahren) ist dieser heutige Augenblick zu fassen und
weicht die ungewisse Wahrnehmung einem gewissen Verständnis.

1968

Zu unserer Nabelschau

Baierls *Mysterium buffo*, wie es in der Volksbühne inszeniert wurde, ist ein Geschichtsstück, das vor der Gegenwart abbricht in die Idylle und sich selbst auflöst mit den Widersprüchen. Es ist mutlos.

Baierl, ein wichtiger und scharfsinniger Mann, scheint hier einmal die Torheit unserer Presse mitzumachen, auf dies Land zu schaun wie auf den Nabel der Welt: also mit gesenktem Kopf. Die Inszenierung bietet nur weiches Bauchfleisch, Fett, mit geringen Zuckungen. Der Leib der Welt mit seinen mächtigen Gliedern, der sich aufbäumt und die Fäuste hebt, fern liegt er wie Bolivien von Moskau; wir nehmen nur das schwache Wabbeln wahr, das am sichern Nabel ankommt. Es gibt nur zwei Welten im Stück, keine Dritte. Dadurch wird die unsre nicht etwa größer, sondern kleiner, ärmer, unbeweglicher. Die Lösung des Konflikts der beiden Welten wird ein Mysterium: weil der Welt-Kontext fehlt, weil die Auseinandersetzung amputiert wird, die sich zunehmend in der Dritten Welt abspielt.

Dieser beengte Blick ist als *letztem* dem Autor anzulasten, er hat wie wir die Ohren im Rundspruchhimmel, der »nichts Bessers weiß« an Sonn- und Werktagen.

Wenn im Stück die Haltung der Weimaraner zur klassischen Literatur angekreidet wird, so hätte erst recht unsere Haltung zur klassischen Revolution angekreidet werden müssen, das lag nahe. Da waltet *ein* Geist. Die Weimar-Szene hat einen Wert, weil sie den Unwert einer Tradition aufzeigt.

1968

Landaufenthalt

Sarahs schöne Gedichte[1] werden von der sachlichen Diktion belebt, was wichtig ist, weil die Gegenstände der Hymnen in ihnen leichthin planiert liegen.

Sie will die Wirklichkeit so platt erleben, wie die ist, so zäh wie der europäische Kuhfladen. Sie hängt sich in Schlinggewächse und pendelt sacht, mit schönen Beinen, über den harten Wiesen; sie nimmt im Vegetabilen ihre Zuflucht, das immerhin noch unbekümmert lebt, und weiß doch und läßt uns spüren, daß sie sich die Flucht nicht gelingen läßt. Denn es ist nirgends geheuer. Und sie würde sich lieber an Menschen hängen; aber nicht, wie es nur möglich scheint, als Zierpflanze.

Diese Vegetarierhaltung angesichts der Sudküchen und Fleischereien ist verbreitet, und die Dichtung, die aus ihr produziert wird, ist gesellschaftlich relevant. Die sich mitunter ausgeschlossen fühlen, reden gegen die Wand, und die Wände haben Ohren.

1968

1 Sarah Kirsch, *Landaufenthalt*. Berlin und Weimar 1967.

Provokateure oder: Die Schwäche meiner Arbeit

Endlich versuche ich, Vorgänge so zu beschreiben, daß in ihnen etwas spürbar wird, das über sie hinausragt: also bloß beim Wirklichen bleibend, bei dem was sich abspielt, den Spielraum offen zu lassen. Daß am Ende etwas drüber- oder druntersteht, das mit gelesen werden kann: das Andere, das kommt.

Da ich aber hartnäckig auf den Realitäten bestehe, ihre zähe Veränderung mir aber nur diese bemühten Vexierbilder erlaubt, verliere ich immer wieder die literarischen Nerven, verzichte auf den Vorgang und setze ein ziemlich spätes, utopisches Resultat aufs Papier. Der »Vorgang« soll sich zwischen den prognostischen Sätzlein und dem verstörten Leser abspielen, der z. B. liest:

Das ist kein Geheimnis mehr:
Wir lassen uns nichts mehr vormachen.
Wir sitzen nicht stumm mit glotzenden Augen.
Wir trommeln nicht Beifall auf die Folterbänke.
Wir zahlen nicht grölend das Spiel der Großen
Das Schlachten der Körper oder wenigstens Seelen.
Der Auftritt der Massen hat begonnen
Auf der grell beleuchteten Szene

– solche Behauptungen also. Die werden aber gern und ungeniert für bare Münze des Tages genommen, und die Provokation stürzt ab in die Idylle. Die neue Gesellschaft, ich müßte es mal wissen, kompensiert Literatur noch in der selbstgefälligen Weise, die die zuläßt. Sie läßt sich nicht Utopie als Kritik anbieten; sie mißversteht sie, in ihrem neuen verschwollenen Selbstgefühl, als Gegenwart, nämlich als belobte. Ich verliere die Wirklichkeit, eben weil ich so mit der Wirklichkeit zu tun habe.

Freilich ist es möglich, so weit vorzugreifen, daß einem die Realität nicht mehr dazwischenkommt, und ich sehe diesen anmutigen Weg jetzt von dem glänzenden Hacks beschritten. Ich müßte mich nur, auf ziselierten Schwingen, aus der prosaischen Wirklichkeit hinausheben in die poetische Zukunft. Ich sage nicht, daß das keine Kunst ist! Ich fürchte bloß, das sozialistische Establishment, das auf wenig noch mit sich hinauswill, wird sich dabei bald wohlfühlen.

Oder es ist möglich, zurückzugreifen in die schneidenden Fesseln der Vorgeschichte und ziemlich in ihr die Realität zu sehn, und das ist der harte Gang des großartigen Müller. Ich müßte mich nur annageln an das Gestein dieser gegenwärtigen Formation und, darob brüllend, ihre eigentümliche, prosaische Poesie aus ihr bohren. Ich seh aber, das Establishment will dem nur Ignoranz und Dummheit entgegenbringen.

(Im übrigen sind das die beiden staunenswürdigen Meister der heutigen deutschen Literatur, in ihrer äußersten Polarität sich wechselweise unausgesprochen infragestellend. Auf ihren Wegen sind sie nicht erreichbar.)

Meine elende Schwäche ist den Helden meiner bisherigen Stücke beinahe zum Charakter geworden. Der Kipper Bauch, der mit seinen Ansprachen an Dreck und Himmel aufbricht in die Illusion der schönen Arbeit, und schlimm auf den Boden geholt wird. Der Maurer Hinze, der auf dem Trümmerberg »gleich alles ändern« will, und der Schlosser (und Funktionär) Kunze, der ihm mit bitterem Spott alles zu nichts macht, damit er wieder »gut verzweifelt« ist und brauchbar. Das sind alles Provokateure, also doch sehr bedenkliche Leute. Immerhin, daß ich mit meiner Misere noch spielerisch umgeh, beruhigt mich etwas. Aber ich werde jetzt sehr roh mit mir umgehn müssen.

1968

Bauen wir die Welt nicht ab!

Es ist richtig: es genügt in der Literatur nicht mehr, die Widersprüche zu zeigen. Aber deshalb ist der Satz: *man solle nicht nur die Widersprüche zeigen, sondern auch ihre Lösung!* noch lange nicht so schön richtig wie es scheint. Die literarische Praxis, die jener Theorie streng folgte, nähme von vornherein nur solche Widersprüche, die sie auch schön und ganz zu lösen vermag. Diese Praxis ist – man sehe nur in die Theater hinein – die übliche jetzt. Eine so schöne Theorie, dialektisch, vorwärtsweisend, sowohl Kritik erlaubend als Apologie ermöglichend – und so schlechte Ergebnisse! Die Stücke und Geschichten kleinlich und läppisch, die Konflikte eigentlich durch Besinnung oder Administration beigelegt, die Landschaft provinziell, die Zeit nur der Augenblick. Bei solchen Ergebnissen – die nicht ganz verdeckt sind durch den manchmal großen (und aus einigen Gründen berechtigten) Tageserfolg, nicht mehr verdeckt als bei Kotzebues Erfolgsstücken – liegt es auf der Hand, daß jener Vorsatz nicht genügt, der immer gleich die ganze Lösung will. Die Widersprüche nämlich, an denen sich wirklich die Bewegung der Zeiten, der Gesellschaft zeigen läßt, sind Epochenwidersprüche und haben einen zäheren, mächtigeren Gang, als daß sie sich mit einem Schritt überholen ließen. Das Besondere ihrer Lösung ist: sie geht schrittweise, nach und nach, partiell vor sich; es ist heut nur einiges möglich, das eben Mögliche, und nur das kann gezeigt werden. Und es muß gezeigt werden als das Partielle, das zu dem Größeren hinführt. Wird der eine Schritt schon für das Ganze genommen, so ist das Ganze eben ein kleines, ein Augenblickswiderspruch (oder, wenn nicht das, wird der Epochenwiderspruch verkleinert und die große Arbeit der Geschlechter diffamiert). Denken wir nur an so einen großen Widerspruch wie den zwischen den neuen Produktionsverhältnissen, die die Entfaltung aller Kräfte und Organe fordern – und der Fesselung der Arbeiter an die überkommene kapitalistische Produktion, die sie gar nicht als ganze Menschen braucht. Sich aus dieser Produktion herauszuarbeiten, sich neben die (dann andere, sozialistische) Produktion zu stellen – das ist halt nicht mit einem Schritt getan. Aber der eine Schritt, den jeder jetzt tut, oder die mehreren Schritte, können jetzt getan werden als Schritte, auf diesem großen Weg durch die Jahrzehnte oder ein oder zwei Jahrhunderte! Und so müssen sie erlebt werden. Der Widerspruch, den der einzelne gar nicht ganz empfinden mag, muß in seiner Ernsthaftigkeit, Schwierigkeit und Folgenschwere gefaßt werden.

Es geht nicht schlechthin darum, die Lösung der Widersprüche vorzuführen (das könnte in vielen Fällen nur die fantastische Literatur), *sondern ihre Lösbarkeit. Sie* ist ins Bewußtsein zu bringen, und das können wir nicht, wenn wir die Gegenstände abbaun auf das Maß, mit dem der Augenblick fertig wird -- als wenn die Literatur nicht mit *mehr* fertig würde: als wenn die Menschheit nicht mit mehr fertig würde!

Vertrauen wir auch auf die, die nach uns kommen, dann werden wir auch die Last der Wahrheit tragen können; arbeiten wir den andern zu und vor, und unsere Brocken werden sich vielleicht tragen lassen leicht wie Geschenke, die wir gern machen. Bauen wir in unsern Worten die Welt nicht ab, die wir mit unsern Taten aufbaun.

1968

Schwellen

1

Mark Sergejew berichtet
Über die harte Lage der Eisenbahnschwellen
Zwischen Cádiz und Wladiwostok
Im Schotter formiert, nur dienend
Dem Zug, der über sie weggeht
Der allein ans Ziel kommt.

2

Aber man sollte doch endlich darauf hinweisen
Daß diese elenden Eisenloks
In einer der übernächsten Dekaden ersetzt werden
Durch fliegende Züge, die nicht mehr
Schwellen zerdrücken, verbrennen, besudeln
In den Leib schlagen
Um ans Ziel zu kommen;
Und keine dienenden Stümpfe liegen mehr
Im Dreck.

3

Wenn das aber gesagt ist
(Und es läßt sich leicht sagen)
Sollte man kein Lob mehr lügen
Diesen Millionen
Die stur wie die Natur
Dulden, im Dreck stolz
Auf den Stationen der rauhen Strecke.

1968

Die Schaubühne nicht als eine moralische Anstalt betrachtet

1. Das Theater ist eine Verdopplung unserer Existenz, denn die einfache reicht uns nicht aus.
2. Es war immer eine Aktion, das Leben zu erweitern, zu verändern – aber es wurde oft zum Räsoneur, der mit dem Publikum eine Kumpanei von Räsoneuren einging.
3. Diese *Gerichtsbarkeit der Bühne* beginnt altmodisch zu werden. Die Bühne hat nicht mehr Urteile zu sprechen, sondern Veränderungen vorzubereiten. Sie hat nicht mehr Moral abzuliefern, sondern Moralisieren auszutreiben. Sie hat nicht mehr Ergriffenheit zu lehren, sondern Ergreifen der Möglichkeiten.
4. Das Theater war ein Spiegel, der Spiegel schrie: so sind wir! werden wir andere!
5. Diese *Abbildfunktion des Theaters* wird erweitert, wenn es eigenständige, nichtkopierte Vorgänge herstellt, die die Möglichkeiten des Verhaltens auf ihre Brauchbarkeit untersuchen.
6. Auf diesem Theater können gesellschaftliche Experimente gemacht werden, die im andern Leben teuer und gewagt wären.
7. Die Experimente müssen denen des andern Lebens der Form nach nicht gleichen, jedenfalls können sie drastischer, lebendiger und »wesentlicher« als jene sein und sind
8. so zu organisieren, daß die Masse (der »Zuschauer«) *über sich selbst* erregt wird.
9. Dabei wird dieses Theater wohl den exklusiven Vorspiel-Charakter verlieren.
10. Denn es wird sich nicht bescheiden, die Möglichkeiten des Verhaltens zu zeigen; es kann eine öffentliche Szene ständigen Probens und Findens der nötigen Haltungen sein, allen zugänglich und gemäß.
11. Das wird ein Niederreißen der Rampe zwischen (heller) Bühne und (düsterem) Saal nicht in dem einfachen Sinn, wie bei Brecht, die Handlung dem Zuschauer auszuliefern (auch Brecht bediente sich ja der alten Theaterform, der interpretierenden: ein Widerspruch, dem er durch neue enorme Techni-

ken – Abbau der Einfühlung, Verfremdung, Adressierung – abzuhelfen suchte. Seine Zuschauer kamen nicht hinaus über eine *kritische* Haltung – des Außenstehenden: außerhalb des Spiels); der Zuschauer wird der Handlung ausgeliefert, daß er sich zu ihr *praktisch* verhält, indem er Mitspieler wird (nicht mit sich spielenlassender Happening-Konsument, sondern Theaterproduzent). Dieses Theater wird ein *auch der Form nach* konstruktives, und eines der Instrumente zur Leitung der Gesellschaft.

12. Dieses Theater wird durch das andere Leben geradezu gefordert, das die bewußten *Produzenten ihres Lebens* braucht, Leute, die sich verändern mit den Umständen, die ihre Rolle wählen und wechseln, die disponibel werden in der überraschend veränderlichen Ökonomie.

13. Über die Form dieses Theaters (das das andere nicht ersetzt) läßt sich (nur) spekulieren.

14. Eine Summe Versuche der letzten fünfzig Jahre und der nächsten fünfzig wird einen Blick ermöglichen auf diese merkwürdige Landschaft; jetzt müssen wir uns durch ein Dickicht schlagen.

15. Die Brauchbarkeit jener Proben außerhalb der Szene, ihr demokratischer Charakter, den Antagonismus zwischen den Klassen der Zuschauer und Vorspieler aufzuheben, der neue Sinn des Theaters als Politikum ersten Ranges (und ohne erste Ränge) – das ist eines Tages *die Chance des Theaters*.

16. Dieses Theater wird vergnüglicher sein als alles gewesene; das ist schon seinen Vorstufen abzusehn.

17. Ob sich die Form des Theaters wenig oder sehr verändern wird – seine Arbeit wird nicht ungefährlicher.

18. Es ist nicht mehr nur den guten Gefühlen verpflichtet (denen leicht gerecht zu werden ist): auch den stabilen Notwendigkeiten. Bei der *Anklage* der Miseren konnten nur Autor und Truppe verschwinden müssen; im *Entwurf* von Zukunft verflüchtigen sich womöglich die Miseren selbst.

19. Der exklusive Charakter des heutigen Theaters erschwert seine Arbeit: weil viele durch die alte Form der *Darbietung* nicht auf die neue Funktion des Theaters hingewiesen sind und altes Theater erwarten, also den neuen *Zustand* behandelt sehn wollen und nicht seine innewohnende Veränderung (oder nur die Veränderung des ohnehin Zurückgeblieben).

20. So ist die neue Bühne nicht mehr eine moralische Anstalt, aber sie könnte vor eine moralische Anstalt zitiert werden. Sie könnte zu irgendwas verurteilt werden, in einem kleinlichen Geschichtsprozeß.

1968

Die Goethepächter

Sie haben aus Goethes Werk einen Werkhof gemacht für die
schwer erziehbare Nation. Sie schalten darin wie Gouver-
nanten. Wie wenig Liebe zum Heutigen spür ich in ihrem
Gehabe.

Sie haben sein Erbe gepachtet und bleiben darin sitzen. Sie
haben seine Schwellen gebohnert – aber wagen sich nicht
mehr darüber. Sie leben mit seinen Büchern so, als würden die
Bücher schon leben. Sie haben so mit ihnen zu tun, als hätten
sie nichts mit sich zu tun.

Während wir, auf den Wiesen der öffentlichen Landschaft,
mit ihm unsre Späße treiben. Sie sind neue Aristokraten; wir
sind seine alten Freunde.

1968

Man könnte freilich die Wirklichkeit selbst untersuchen

Viele unserer Stücke sind schwach, weil sie von Wunschvor-
stellungen ausgehn: von dem Wunsch, *die* Widersprüche würden abflauen, die Konflikte würden verduften. In diesem
reinen Raum wird nun versucht, das Theater zu retten. Es
wird eine Theorie gemacht aus einem Irrtum: es gäbe nur noch
Auseinandersetzungen zwischen gut und besser; es gäbe keinen Gegenspieler mehr – schon der Begriff des Gegenspielers
wird mechanisch gefaßt: als Klassengegner; also statt Widersprüchen Sprüche. Es wird nicht gefragt, *wie* denn diese
Widersprüche wirklich sich entwickeln, *wie* sie gelöst werden,
ja *welche es überhaupt sind.*

Man könnte freilich die Wirklichkeit selbst untersuchen, um
das Dramatische (die Entwicklung der Widersprüche) zu finden. Allerdings werden die singulären Widersprüche erst fa-
belbildend, wenn sie auf den gesellschaftlichen »Punkt« gebracht sind, in dem sie sich mit vielen treffen, vergangenen
und künftigen, wenn also aus der individuellen Geschichte die
»menschheitliche« hervorscheint: sonst bedeuten sie wenig,
auf der Bühne. Und wo sie nichts bedeuten, wird die Fabel
nicht poetisch.

Wie Widersprüche gelöst werden, das erzählt über die Epoche: ob sie manipuliert werden oder anerkannt werden, ob sie
verdrängt werden oder man sich ihnen stellt, ob sie in der
Brust ausgekämpft (das ist: begraben) werden oder in der
Praxis, von einem oder gemeinsam.

Die Konflikte werden sogar härter, wenn die versachlichten,
überpersönlichen Beziehungen durchschaut und beherrschbar
werden: wenn die Beziehungen menschlicher werden.

Diese Härte äußert sich gerade darin, daß die Konflikte
prinzipiell lösbar werden, daß ihre Lösung eine Existenzfrage
der Gesellschaft ist, deren Daseinsweise *eben diese* Entwicklung ist! Die Gegenspieler, keine Klassengegner (was den
Kampf leicht machte, dramaturgisch), verkörpern gegensätz-
liche ernsthafte Möglichkeiten der Gesellschaft. *Sie* soll gewinnen, aber wird sie es immer? Einige werden »verlieren« –
aber ist es nicht gut für diese? (oder ist die Niederlage nur

vorläufig?) Das *Leben* wird derart Spiel, ein hartes, konzentriertes, das den ganzen Menschen fordert (ein Schachspiel zwischen Massen): ein Bild davon macht das Theater, aber ein Bild, das mitspielt, das Spiel bewußt macht, dieselben Kämpfe mitkämpft, die es zeigt.

1968

Öffentliche Meinung

Ansichtig der großen Vorfälle
In unsern Goldenen Städten
Sage ich, fast verschlagen
Der Atem, also ohne viel Worte:
Daß es da nicht ankam auf
Meinungen
Einzelner Leute, und wer jetzt
Wohl ober übel meint, vieles geschähe
Ohne ihn für ihn oder gegen ihn
Der weiß doch, daß er gar nicht gefragt war und braucht
    nicht reden, wenn er nicht zugleich
Ändern will seinen beschränkten Zustand:
Und auch diese Meinung hier würd ich verschweigen
Wenn sie nicht zielte auf die ständige
Aktion
Der Massen, die ihre Macht ausbaun
Wie Wohnungen auf großem Grundriß.

1968

Arbeiter? Aristokraten!
(Thesen für eine Diskussion)

1

Der Sozialismus unterscheidet sich vom Kapitalismus haupt-
sächlich durch die neue *soziale* Situation. Sie müßte, halbwegs,
in der Literatur zu spüren sein; und wo nicht als guthin
vorbildlich, so doch in ihren Möglichkeiten und Notwendigkeiten.

2

Also nicht nur, um unsere neuen Staaten zu kennzeichnen und
auszuzeichnen, sondern um die soziale Situation noch weiter
zu verändern. Der umwälzende Standpunkt der Arbeiterklasse ist nie der Zustand des erreichten Sozialismus, sondern
will die kapitalistischen Verhältnisse in ihrem *ganzen* Ausmaß
revolutionieren, z. B. nicht nur die alten Besitzverhältnisse
geändert sehn (das sieht er), sondern auch die alte kapitalistische Produktion.

3

Wenn das Individuum zu seinem Recht kommen soll – in der
Gesellschaft wie in der Literatur –, muß die Gesellschaft zu
ihrem Recht kommen; die Subjektivität ist nur interessant in
ihrem Verhältnis zum objektiven Prozeß. Der objektive Prozeß ist nicht primär die Entwicklung schöner Ideen und
innerer Haltungen, sondern die Arbeit der namenlosen und
namhaften Leute, also die *gemachte* Geschichte.

4

Warum ist die Arbeiterklasse bei uns noch immer die »führen-
de Kraft« der Gesellschaft? Die Arbeiter sind nicht intelligen-

ter als die Intelligenz, und sie haben nicht mehr Verfügungsgewalt als die Intelligenz (die ihr vorgesetzte technische z. B.).
Aber ihre unterprivilegierte Stellung in der arbeitsteiligen
Produktion und in der Pyramide des »demokratischen Zentra-
lismus« sind es, die nach Veränderung drängen und das Bewußtsein der Notwendigkeiten produzieren werden. Die Arbeiter als *Klasse* sind am stärksten an Veränderungen interessiert, und das *wird zu etwas führen.*

5

Aber es gibt eine aristokratische Haltung, die die sozialen
Probleme nicht als Probleme wahrnimmt; das ist eine Haltung, die die Menschen nicht als Menschen wahrnimmt.

6

Die Literatur hält sich zu sehr aus dem Prozeß heraus statt
sich in ihn zu stellen (statt ihn zu enthalten): sie hat nicht sehr,
was Prozeß bedeutet: Fortgang, Streit und Streitbarkeit. (Wir
kennen die bedeutenden Ausnahmen.)

7

Eine Literatur, die sich nicht sehr um soziale Veränderungen
schert, kann nicht von sich behaupten, sehr humanistisch zu
sein.

1968

0

(Dumm, wie wir sind, in unserer enzyklopädischen Unbildung, mußten wir uns etwas einfallen lassen. Wir waren zu dritt. Keisch fertigte aus der *Prawda* oder aus der *Komsomolskaja*, das ist übrigens belanglos, zwei Rohre an, ein längeres und ein kurzes. Neben die Dolmetscherin setzte sich einer links, und zwei setzten sich rechts. Die Liebenswürdige hielt die Rohre, wie zwei Querflöten, vor ihren Mund, und zwar das kurze nach links und das längere nach rechts auslegend, und sprach leise, den Kopf leicht zur Schläfe des rechten Nebenmanns geneigt, das ganze Spektakel deutsch vor sich hin, in die beiden Öffnungen, die der linke Nebenmann und der nach rechtsaußen Verschlagne an das rechte bzw. linke Ohr anschlossen. Auf diese Weise verstanden wir zumindest akustisch alles. Es gab bei etwa 14 öffentlichen Versuchen nicht ein einziges Mal Befremden oder deutscher Aufregung vergleichbare Anteilnahme im Parkett. Da Keisch die Erfindung nicht hat patentieren lassen, ist sie unserer ungebildeten Nation für ihre internationalen Beziehungen überlassen.)

1

Die stärksten Eindrücke beim Versuch, das sowjetische Gegenwartstheater kennenzulernen, hinterließen Kinofilme (*Zeitgenossen, Der 6. Juli, Warten wir den Montag ab*).

Kaum schwächer war ein Stück, das kein Stück ist (*Zehn Tage, die die Welt erschütterten* in Ljubimows Theater an der Taganka).

Noch etwa an die Haut ging ein Stück, das zwar rein von Gegenwart handelt, aber nicht neu ist (*Schwitzbad* von Majakowski im Theater der Satire – während uns *Die Wanze* im selben Haus wegen verniedlichender, musicalhafter Regie kaltließ).

Nicht direkt berühren (aber manchmal sehr nahekommen) konnte uns ein halbes Dutzend Stücke, die zwar neu sind, aber nicht Gegenwart zeigen (*Gewöhnliche Geschichte* von Rosow nach Gontscharow, *Dekabristen* von Sorin, *Narodowolzen* von Swobodin, alle im Theater Sowremenik: was Zeitgenosse heißt; alles nicht schlecht, aber dramaturgisch brav und wenig operativ).

Bolschewiki fiel grad aus.

Ferner laufende neue Stücke, die zugleich Gegenwartsstücke heißen, anzusehen, wurde uns von freundlichen Genossen ausgeredet.

2

Theater scheint hier elementares Bedürfnis: wie das nach Wasser zum Waschen. (Aber es scheint mitunter auch die Gewohnheit, sich zu *waschen*, mit bedienen zu wollen; mit Schmierseife.)

3

Das Sowjettheater ist in einer interessanten Phase seiner Wiederbelebung. Die Zeit des Niedergangs, in der alles klar war (was und wie was zu spielen sei), ist seit einigen Jahren zu Ende, und jetzt ist fast nichts mehr klar, aber alles deutet auf die Gewinnung einiger wirklicher Klarheiten.

Überall klaffen die Widersprüche: offene Löcher in den Theorien, die Reste des Theaters alten Stils ragen erum wie vergessene Kulissen, neue Theater experimentieren auf ausgeleuchteten Bühnen. Brechts Stücke spielen dem Theater mit: sie verfremden gewissermaßen insgesamt das alte. Von Ljubimows Holzverschlag bis zum Künstlertheater ist es fast so weit wie vom Berliner Ensemble zum Metropol-Theater. Die einen spielen zum Gebrauch, die andern zur Erbauung. Beide haben eine gleichermaßen besessene Anhängerschaft, Leute in den gleichen Anzügen: die einen fordern das »Erlebnis«, die andern den politischen Nutzen.

Zumindest werden die Fronten klar.

Darin ist uns dieses Theater voraus.

Es wird auch hier mit Wasser gekocht, und nicht immer mit frischem.

Bestimmte neue (sowjetische) Stücke werden – wie betont wurde: aus politischen Gründen – auch hier nicht inszeniert. (Vielleicht sind diese Stücke schlecht; dann könnte man aus den Fehlern lernen.)

Es gibt auch hier Ärger mit den Klassikern (nur in guten Theatern: an der Taganka, im Sowremenik).

Das stimmt doch fröhlich. Gewisse Schwierigkeiten bei uns scheinen also nicht zufällig, sondern prinzipieller Art zu sein. Sie können nicht übergangen werden. Sie könnten angegriffen werden in breiterer Front.

1968

Unsere Hoffnung ist das Wirkliche
(Diskussionsbeitrag)

Wenn irgend etwas zugunsten des Sozialismus genannt werden kann, ist es das bewußte Eingreifen des Volks in den Geschichtsprozeß. Dies Eingreifen verlangt, frei zu sein von falschen Hoffnungen. Die schlimmste Hoffnung des Volks war immer die, daß die Geschichte von anderen gemacht wird.

Wir hätten ein abstraktes Bewußtsein, wenn wir von uns das Nochnichtmögliche verlangten, wenn wir, um uns nur an die Ziele zu klammern (den »Kommunestaat«, wie ihn Lenin in den *Aprilthesen* charakterisierte: »das heißt« einen Staat »nach dem Vorbild der Pariser Kommune«¹ – ohne stehendes Heer, mit gleichen Löhnen, die Beamten durchweg wählbar usw.), wenn wir, nur weil wir auf diesen Zielen unbedingt bestehen, den gegenwärtigen Aufgaben den Rücken kehrten (den ökonomischen und politischen Schritten auf dieses Ziel zu, die von den staatlichen Plänen abgesteckt sind, mitten auf dem unsicheren Terrain des Kampfs der Weltsysteme).

Die Schwierigkeit des Eingreifens: es muß sich den Tatsachen beugen und sie zugleich ändern. Die Tatsachen deuten zwar Richtungen an, in die die Geschichte verlaufen kann, aber erst unser Handeln oder Zögern gibt den Ausschlag unter den Möglichkeiten und macht den wirklichen Verlauf. Eben weil in den Tatsachen vieles offen ist, kann man sich verschieden verhalten wollen, und es gibt nicht, wie in den naturwissenschaftlichen Experimenten, eindeutige Kriterien der Richtigkeit.

Das haben wir alle erfahren.

Aber das heißt auch: das Kriterium liegt mit in unserem Handeln selbst, das bewußt, als Experiment, offen und überschaubar geschehen muß, offen vor aller Augen und änderbar ohne falschen Stolz. Und schließlich heißt das: daß wir handeln *können* müssen, um uns der Lage bewußt zu sein.

Kann das beispielsweise die Literatur? Macht sie, was ihr Handeln wäre, die objektiven Notwendigkeiten bewußt in subjektiven Interessen, in Leidenschaften? Ändert sie, die

¹ *Über die Aufgaben des Proletariats in der gegenwärtigen Revolution.* In: *Werke,* Band 24. Berlin 1959.

sonst nichts ändern kann, das Voraussetzungsfeld der Entscheidungen, durch ihre haltbaren Impulse?

Ja. Aber sie kann das nicht genug, weil sie sich selbst zu wenig in Kämpfe verwickelt. Es wird auch nicht sehr dringlich von ihr verlangt, und oft nur mit platonischen Gesten.

Das haben wir alle erfahren.

Die Zeitungen begnügen sich noch immer gern mit Texten, die nur Illustrationen sind, nur äußere Dinge; oder sie begnügen sich mit einer Innerlichkeit, in die nie je etwas Äußeres geraten ist. (Freilich befaßt sich die Brust des Dichters mit äußeren Dingen und nicht mit Lungenlappen und Blutkreislauf, aber er holt eben die äußeren Dinge *in* seine Brust, macht sie zu seiner Sache.)

Der kleinliche, zufällige, geradezu esoterische Gebrauch der Literatur in den Zeitungen, im Rundfunk, im Fernsehen hat seine Ursache, glaube ich, in einer sinnlosen Bescheidenheit, die Literatur nur als Zugabe versteht, als Garnierung des allgemeinen Breis. Da ist das Fach Politik, und da das Fach Kultur, denn wir sind Fachleute.

Das Schlimme ist, daß uns die Fachidiotie selbst kaum mehr auffällt, daß wir uns zu reinen Belletristen machen lassen. Das widerspricht merkwürdig dem, was zugunsten des Sozialismus gesagt werden konnte.

Aber das Eingreifen in die staatlichen Lebensregungen oder, gegebnenfalls, -zuckungen ist bei uns in vielen Bereichen eine Tatsache und wird durch eine kämpferische Partei geleitet. Diese Tatsache ist jetzt unsre Hoffnung, und eine größere, als je einer hatte. Sie ist nicht gesetzt in etwas Andres, in die Zukunft, sondern in das, was immerhin ist. Wir geben der Hoffnung Ausdruck, wenn wir vom Wirklichen reden.

1969

Wohngefühl

Es ist den jetzt beschlossenen Plänen abzusehn, daß in den nächsten Jahren die soziale Lage nicht *schlechthin* günstiger wird, daß es Härten geben wird für tausende Arbeiter. Die Dreischichtarbeit, die Umstrukturierung der Wirtschaft (die für viele den Wechsel des Berufs bedeutet), die Intensivierung der Arbeit, das massenweise Lernen zwischen den Schichten, die stärkere geistige Beanspruchung in optimaler Technologie – all das wird das Leben schöner und härter machen, wird ungewohnte Anstrengungen, schöpferischen Mut erfordern. Die Produktion wird nicht schlechthin wohnlicher, vorerst.

Wenn sich jetzt die Literatur die Aufgabe stellt, eben das Gefühl des Zuhauseseins, der Heimeligkeit zu stiften, aber die sozialen Bedingungen nicht wahrhaben wollte oder vergäße oder übertünchte, liefe sie Gefahr, sich dem Leben zu entfremden. Sie würde Idyllen liefern, und ihre »schönen Menschen« würden bloß dumme Menschen sein. Ihre einsichtigen Helden würden bloß Waschlappen sein. Die Kraft dieser Literatur würde die Fliehkraft sein. Sie würde nichts beim Leser auslösen, außer daß sie ihn von sich selbst loslöste.

Es geht aber nicht zuerst um ein »neues Wohn*gefühl*« in der Gesellschaft, es geht zuerst um das Wohnen. Das Gefühl wird nur vorhalten, wenn es aus der wirklichen Lage kommt. Sonst hängt es in der Luft, und wie ein Mantel im Wind. Einbildung ist das halbe Leben, hieß es. Was war das für ein Leben?

(Übrigens *wohnen* 8 Millionen in der DDR ohne WC, und 10 Millionen ohne Bad.)

Die Gesellschaft ist kein Hotel, das was bietet, wenn auch nur zum Schein. Wir leben hier nicht wie Gäste, sondern als Hausherren: wir brauchen uns nichts vorzumachen. Wir bauen die Wohnung aus: dazu müssen wir ihren Aufriß kennen, ihren Baugrund, ihr Material. Das müssen wir schon ganz genau ansehn.

1969

Künstlichkeit

Damit er des neuen Menschen Lächeln
Blendender schaffe, ließ das Fernsehen
Dem jungen begabten Schauspieler sämtliche
Zähne ziehn und versah ihn mit besten neuen.
Aber *die* Gebisse müssen erst noch entwickelt werden
Die aus unansehnlichen Worten glänzende machen
Und aus künstlichem Lächeln ein
Befreiendes Lachen.

1969

Anekdote aus den sechziger Jahren

In der kleinen Stadt E. entdeckte ein leitender Ingenieur der Automobilfabrik, als er einer Delegation aus dem kapitalistischen Ausland eine automatisierte Abteilung vorzeigen wollte, daß die jungen Arbeiter, denen die modernen Anlagen übergeben worden waren, wie ein Haufen Hühner zwischen den Teilen herumliefen, in sinnloser Unordnung. Bei genauem Hinsehen wurde er gewahr, und der Schweiß trat ihm auf die Stirn, daß die Burschen, statt, wie es die neue Technologie vorschreibt, jeder in dem ihm zugeteilten Abschnitt die ihm zugeteilten Handgriffe zu tun, mit dem Band mitliefen und also wieder, wie zuvor, vieles statt des einen machten. Dies bedeutete nicht weniger, als daß der technische Fortschritt, den zu besichtigen schon wildfremde Leute anrückten, buchstäblich *laufend* zurückgenommen wurde. Zur Rede gestellt, erklärte die Truppe, ein mehrfach ausgezeichnetes Kollektiv, sie kämen sich, so in immer denselben »Takt« gezwängt, wie abgerichtete Affen vor und nicht mehr wie gelernte Monteure. Sie hätten beschlossen, sich nicht ihre vielen Fähigkeiten abhacken zu lassen, sie seien Facharbeiter und nicht Flachköpfe. Der Ingenieur, für Momente aussehend wie das erste Auto, verwies ihnen den Blödsinn und zog die Besucher beschämt aus der Halle, hoffend, der Slang der Arbeiter sei ihnen undurchsichtig geblieben. Zu seiner Überraschung begann draußen einer, offensichtlich ein Genosse, etwa folgendermaßen zu reden: er sehe, im realen Sozialismus müsse man vieles tun, das nicht unmittelbar den sozialistischen Menschen brauche, bei dem begrenzten Potential und inmitten des internationalen Gerangels könne noch nicht der Mensch Maßstab aller Maßnahmen sein, es seien gewissermaßen »Umwege« nötig, um mit dem Kapitalismus, z. B. in der Arbeitsproduktivität, pari zu ziehn. Was da an Neuerungen erkämpft werde, müsse vielleicht in zwanzig Jahren wieder überwunden werden, ja es sei denkbar, daß man hier, was das Schöpferische der Tätigkeiten anlange, auf ein Wellental zuarbeiten müsse, Automatisierung, man verstehe ihn wohl? bis man über das Knopfdrücken hinaus sei. Aber das müsse man den Ultralinken in den westlichen Ländern, die da von Technizismus maulen, ja auch unter ihnen seien einige! *sagen*, man brauche nicht, wegen wem denn, den Eindruck erwecken, es sei hier alles sozialistisch in Reinkultur, man befände sich auf dem Gipfel der Entwicklung! Der Ingenieur wußte nichts Offizielles zu erwidern, aber nachdem die Gäste verabschiedet waren, tauchte er wieder in der Halle auf und sprach mit bei ihm ungewohnter Geduld und in ungewohnten Zusammenhängen mit der verdutzten Brigade.

1969

Die Anspruchslosen

Auf dem VI. Deutschen Schriftstellerkongreß wurde gefordert, nicht mehr von »Ansprüchen des Individuums an die Gesellschaft« zu reden, da es diese Ansprüche nicht zu geben habe.

Das blieb unwidersprochen. Ein paar kleine Fragen als Antwort: Verlangen die Bürger nicht, was sie von der Gesellschaft verlangen, von sich? Von wem denn da? Ist die Gesellschaft eine Instanz außerhalb der Bürger, die irgendwo über ihnen thront? Muß man sich ihr nähern auf Knien, seinen Zehnten, nein, seinen Ganzen abliefern, ohne selbst zu wissen, was man braucht und verlangen kann? Bekommt also der Bürger, der nichts zu verlangen hat, das, was er bekommt, als Geschenk? Oder ist die Absicht jener Formulierung nur: die Ansprüche herabzuschrauben, nicht so viel zu wollen? Aber warum denn? Wird hier nicht einfach als Gesellschaft die Regierung gesehn und, zugleich, ein Interessenkonflikt zwischen Regierung und Bürgern behauptet? Als wenn die Bürger natürlicherweise nur unbillige, unverschämte Ansprüche stellten? Deutet also der Satz nicht auf eine überhebliche, feudale Haltung des Sprechers (für seinen Moment)? Ist sein Gestus etwa nicht die Arroganz? Ist das kein Obrigkeitsdenken? Und wird da nicht Untertanengeist verlangt? Ist das eine sozialistische Theorie, oder Scholastik? Ja, ist die Hörigkeit, die da redet, nicht finsteres Mittelalter? Na also, ist das nicht dummes Geschwätz? – Und das wird gequasselt unterm stupiden Beifall des Auditoriums und sogleich mehrfach wiedergekäut. So schnell geht die Eskalation des Blödsinns.

1969

Letzte Auskunft

Es ist notwendig, daß wir uns gegenüber der Geschichte völlig aufrichtig verhalten, nichts verschweigen, jeden Irrtum zugeben, sobald er erkannt ist, uns dem vollen Umfang der Ereignisse stellen, wenn auch der Schutt unsrer Eitelkeit sie zu bedecken droht. Wenn wir nicht mit der Geschichte leben, wird sie gegen uns leben. Statt die Geschichte im nachhinein zu korrigieren, wollen wir die Mühe verwenden, die Zukunft zu korrigieren.

Wer nicht wagt, über alles die volle Wahrheit zu sagen, hat kein Recht, Genosse zu sein. Denn seine Feigheit zeigte nur sein Mißtrauen gegenüber der Geschichte, das heißt gegenüber dem Volk.

1969

Erinnerung an frühe Zeiten

1

Die redegewandten Prätoren
Die die wirklichen Kämpfe
Über die Bühne gehn lassen wollten
Aber vor deren erster Regung
Zurückschreckten, werden wohl aufgefunden werden
Mit der Wunde im Rücken
In den Archiven.

2

Nachdem es heraus war
Daß wir die Widersprüche beherrschen können
Hatten sie noch *einen* mutigen Wunsch:
Uns
Nicht in Widersprüche gestellt zu sehn.

3

Und die Scholastiker erlaubten
Nur vollkommene Lösungen:
Daß kein Rest bleibt
Und sich alles fügt in die Umstände
Ihres Denkens.
In der Vollkommenheit aber
Löst sich die Wirklichkeit auf.
Wo kein Rest ist
Ist keine Zukunft.

4

Auf den theoretischen Konferenzen
Der klassischen Epoche wurden besonders belobt

Wegen Erfassens der wahren Dialektik
Des menschlichen Verhaltens, Publikumsnähe
Und Gerechtwerdens der Forderung des halben
Tages die Stücke des Freundes Kotzebue
Zehnmal öfter gespielt als die vulgären
Abwegigen und konstruierten Ergüsse
Dieses Goethe.

5

Noch vor den Amphitheatern der Zukunft
Werden selbstlose Pinsler hocken mit roten
    Latex-Fäßchen
Aber auf dem Proszenium die größern Städte
Und die Schornsteine Leunas
Können sie nicht anstreichen.
Auch die tausendfältigen Akteure
Werden in dieser Schmiere
Nicht untertauchen.

1969

Über die Schwierigkeit beim Schreiben der Wahrheit der Geschichte

Es ist eine der besten Eigenschaften des Theaterpublikums, sich immer weniger bestechen zu lassen: nicht von falschem Gefühl und nicht von falschem Denken. Diese Eigenschaft ist kunstbildend. Geschichte läßt sich nicht mehr so unverfroren verwischt ins Theater bringen wie in dem herrlichen Stück *Wilhelm Tell*; der Zuschauer, der heute ohnehin mehr weiß, dürstet noch in den drei Stunden im Dunkel nach dem unverstellten Licht der Fakten. Das ist ein Fakt. Beim Schreiben des Schauspiels *Lenins Tod* war ich mir dessen um so mehr bewußt, als es da um Geschichte geht, die keineswegs jedem gegenwärtig ist, die grob gesagt nicht klar ist. Und bei der ich zu fürchten hatte, daß jede Erfindung bei den historischen Personen den Vorwurf der Geschichtsklitterung einbrächte.

Die versuchte Authentizität aber – kann der »Wahrheit der Geschichte« im Theaterstück nicht schlechthin förderlich sein. Denn sie ist eine ungeheure Fessel für die Dramaturgie eines Stücks; Zuspitzungen und Veränderungen des Materials würden Stückidee und Fabel ja krasser, deutlicher (=dramatischer) machen (erfundene Entschlüsse der Figuren oft auch größere emotionale Wirkungen liefern). Jetzt aber können die Wirkungen nicht auf dem üblichen Weg der Erfindung erreicht werden: sie müssen im Material (den geschichtlichen Handlungen) *gefunden* werden. Allerdings: die Geschichte ist ein Prozeß von enormer Dicke, nur einige »Schichten« lagern sich in den Dokumenten und Geschichtsbüchern ab, das breite, ungestalte Tagesleben des Volks, das uns in den Stücken wichtig wird, können wir nach seinen mitgeborenen Gesetzen frei heraufholen: aber selbst da Exemplarisches in den Handlungen bevorzugend, also die soziale Lage zeigend, deren naher oder ferner Reflex die politischen Kämpfe der Führer sind. Auf diese schwierige Weise mußte der für die Stückidee beste (theatralischste) Fabelverlauf »gebaut« werden – denn es mußte die »Idee« dieser Geschichte selbst sein, ihr mächtiges (Klassenkampf-)Gesetz, die das Stück baut. Denn sie eben geht uns an in ihrer vollen Wahrheit.

1970

Über fünf Sätze von Lenin

I

Die sozialen Veränderungen in unserer Republik interessieren mich mehr als die (über die allein viele sich ereifern) kulturpolitischen. Wohl deshalb, weil ich verschiedene Tätigkeiten machte, deren geringe Produktivität nicht hoffen ließ für den Sozialismus, vor allem nicht für uns, die ihre Zeit damit hinbrachten; aber auch deshalb, weil ich einige Produktionen kenne, die sich jetzt umwälzen. Diese Umwälzungen sind die folgenschweren, materiellen Vorgänge, die das Leben von Hunderttausenden ändern.

Was ist, zum Beispiel, die ganze DDR-Literatur (so bedeutend sie ist), gegen den Fakt der Kollektivierung und Kooperation der Landwirtschaft, gegen die Beseitigung der jahrtausendealten Vereinzelung der Bodenbearbeiter?

Freilich halfen einige Bücher, diesen Fakt herbeizuführen und sich seiner bewußt zu werden. Die geistige Kultur beurteile ich danach, wie sie sich zur materiellen verhält, auf diese zielt. Was könnte für die Literatur wichtiger sein als die Arbeit, die täglich in den Fabriken und Baugruben getan wird, wochenlang, jahrelang – mitunter das Leben lang? *Wichtiger* ist die Veränderung dieser Arbeit zu menschenmäßiger, die Automatisierung des ewig Wiederholten, die Ermöglichung schöpferischer Tätigkeiten.

Aber nicht elektronische Datenverarbeitung, Kernenergie usw. – nicht *das* wird das Wesen dieser technischen Revolution sein: sondern der Mensch, der diese Revolution macht und sich mit ihr *macht*. Der eigentliche Wandel ist der der sozialen Lebensweise – die Befähigung von Millionen zu bewußtem Handeln *für alle. Das* ändert die Stellung des einzelnen in der Organisation der Produktion und des Staats (seine politische Lage); seine Stellung ist meßbar am Radius und an den Tangenten seines Eingreifens. Die soziale Entwicklung nur bringt uns so in Gemeinschaft, daß wir ganz über uns verfügen.

Von der kulturpolitischen Arbeit scheint mir zur Zeit nur die auf dem Gebiet der Volksbildung halbwegs revolutionär:

indem sie etwa auf diesen ganzen Prozeß zielt.

Die Kulturpolitik, oft über der Praxis schwebend, liegt eigentlich unter ihr, wenn sie nur auf sich selber zielt; die gesellschaftlichen Verhältnisse bleiben für sie abstrakt, wenn sie vergißt, daß sie weiter von Grund auf zu ändern sind. So mag sie Philatelisten heranbilden – aber keine Menschen. Leser – aber keine Menschen. Geflügelzüchter – aber keine Menschen. Kunsthandwerker – aber keine Menschen, die sozialistisch handeln lernen.

Darum geht es aber.

2

Lenin, der natürlich Bücher und Vorträge für notwendig hielt und immerfort Bücher schrieb und Vorträge hielt, sagte in einem Referat im März 1918 auch diese fünf erstaunlichen Sätze:

»Wichtig für uns ist das Heranziehen aller Werktätigen ohne Ausnahme zur Verwaltung des Staats. Das ist eine gigantisch schwierige Aufgabe. Den Sozialismus aber kann nicht eine Minderheit – die Partei – einführen. Einführen können ihn Dutzende von Millionen, wenn sie es lernen, das selbst zu tun. Wir sehen unser Verdienst darin, daß wir danach streben, der Masse zu helfen, das sofort selbst in Angriff zu nehmen, nicht aber es aus Büchern, aus Vorträgen zu lernen.«[1]

1970

1 *Referat über die Revision des Parteiprogramms und die Änderung des Namens der Partei,* gehalten auf dem VII. Parteitag der KPR (B). In: *Werke,* Band 27. Berlin 1960.

1. Welches sind Ihrer Meinung nach die wichtigsten Veränderungen, die sich in den vergangenen zwanzig Jahren in der Wirklichkeit der DDR vollzogen haben, und wie haben sie sich im geistigen und moralischen Antlitz des Zeitgenossen widergespiegelt?

Das Wichtigste sind die *materiellen Veränderungen*, die das Leben wirklich ändern, die »bleibenden«, tiefgehenden Umwälzungen:

– die Überführung der wichtigsten Industrien in Volkseigentum, ihre Leitung durch einen Gesamtplan und, allmählich, die Verwissenschaftlichung der Produktion durch Automatisierung;
– die Kollektivierung der massenhaften Bauernwirtschaften (und neuerdings die Kooperation der Kollektivwirtschaften) bei relativ fortgeschrittener Landtechnik.

Diese »organisatorischen« Maßnahmen verursachen jenen großen Prozeß sozialer Veränderungen, der Millionen sozialisiert, der sie nicht nur zu Eigentümern der Produktion macht, sondern diese alte Produktion selbst ändert: *die Tätigkeiten werden menschlicher, schöpferischer*. Eben *das* ist das Wichtigste. Das ist ein zäher, noch unabsehbarer Prozeß.

Die sicherlich bemerkenswerteste *Bewußtseinsänderung* zeigt sich in der Haltung unserer Bauern, die nach unerhört wenigen Jahren sich mit ihrem kollektiven Dasein nicht nur abgefunden, sondern identifiziert haben, in einem Maße, das bei dem eingefleischten Eigentumstrieb einem Wunder gleichkommt. Das ist ein epochaler Vorgang, von dem man noch in Jahrhunderten berichten wird.

Für die Industriearbeiter (die diesen Vorgang vorantrieben) hat es keinen so kräftigen Anlaß zur »Politisierung« gegeben, und die Änderung des Denkens geschah nicht so flagrant. Insgesamt aber hat sich ein öffentliches Bewußtsein entwickelt, dem alles Standesdenken fremd ist – das ist für Preußen viel; Nationalismus und Rassismus wirken hier schon exotisch. Ein gewisser Hang zu Kriecherei und Korruption ist nicht zu übersehn und hat noch seine materielle Grundlage.

Bedeutsam ist ein »Prozeß des Lernens«, insbesondere unter den Industriearbeitern (Qualifizierung für neue Technologien), aber auch unter den Bauern (Winterlehrgänge usw.). Die *politische* Masseninitiative zeigt sich in der ökonomischen, ist aber noch zu sehr auf diese beschränkt. Hier liegen die größten Reserven für unsere Revolution.

Man kann sagen: wir sind in zwanzig Jahren ein auffallend vernünftiges, solidarisches, Veränderung wollendes Volk geworden.

2. Welche Veränderungen vollziehen sich im Arsenal der künstlerischen Mittel und in der Genre-Struktur der DDR-Literatur, und welche davon erscheinen Ihnen am perspektivreichsten?

Die Literatur wird (langsam) öffentlicher und operativer, ihrem Wesen entsprechend also kunstvoller (trotz gegenläufiger Tendenzen). Und das nicht nur in den direkt operativen Genres (Reportagen, Fernsehspiele, eine neue Form von »Anregungs«-Programmen im Theater, Epigramme in Zeitungen, Lieder).

Die Operativität wird durch die ganze Verlags- und Druckprozedur fast wieder aufgehoben.

Die Veränderungen der Mittel scheinen, nach den Vorarbeiten der sozialistischen und anderweitigen Klassiker, gering; man könnte sich der Sache selbst zuwenden. Die Sache selbst ist aber unsere Existenz in immer mehr nichtantagonistischen Verhältnissen: die Mittel müssen für einen vollkommen neuen Zweck eingesetzt werden! Wir schreiben nicht mehr gegen die bestehende Gesellschaft, sondern *für* sie, für ihre immanente Veränderung. Die Mittel werden und müssen auf eine andere Weise wirken; ihr Einsatz ist das schwierigste Problem (und die Existenzfrage) für unsere (nicht nur durch sich selbst gefährdete) Kunst.

Das Problem stellt sich für die Genres verschieden; für die Dramatik und die Lyrik am deutlichsten, weil dort die neuartigen gesellschaftlichen Widersprüche in unmittelbarer Erscheinung kämpfen.

Die Dramatik ist, trotz schlechter Beleumdung, das vielleicht bedeutendste Genre der DDR-Literatur. Neu für deutsches

Theater: die Schwemme an Lustspielen, allerdings zumeist billiger Art. Wichtiger sind einige große, oft ungespielte Komödien und Schauspiele, die den Menschen als Veränderer seiner gesellschaftlichen Umstände zeigen, mit sehr verschiednen, aber bewußt »großen« dramaturgischen Mitteln, d. h. die Widersprüche und ihre Lösbarkeit groß ausstellend. Die müssen geschrieben werden, egal wie ihre Aussicht ist.

Die Lyrik ist noch immer das zwiespältigste Genre, größte Laschheit steht größter Angespanntheit gegenüber, Deklamation steht Privatisierung gegenüber. – Die deutsche Dichtung bezog ihre Kraft nicht vorrangig aus oberflächlichem Glanz wie Reimen und einförmigem Versmaß (das sind zu delikate Mittel, um sie massenweise einzusetzen); dabei wird es bleiben. Es war immer eine Kunst des Inhalts, der Betroffenheit, des Engagements. Ihr spezifisches Geheimnis war nichts anderes, als daß die Dialektik des Gegenstands in schönem Maße zur *Struktur* des Gedichts wurde. Es scheint, das materialistische Denken der Dichter wird diese Tradition in kräftiger Weise entwickeln: es wird die neuen Gegenstände in der *Vorgänglichkeit* wie in der *Gesellschaftlichkeit* um so besser fassen können. Durch diese Wissenschaftlichkeit wird sie vielgestaltiger werden.

3. Woran arbeiten Sie im Augenblick, welche Pläne haben Sie?

Schreibe an einem Schauspiel über die zwei letzten Lebensjahre Lenins. Außerdem arbeite ich im Lauf der Spielzeit mit an der Inszenierung meiner Stücke *Die Kipper* (in Leipzig) und *Hinze und Kunze* (in Berlin).

1970

Kultur in Weimar

1

Freundlich bereiten das Haus wir den toten Dichtern
   des Volkes
Aber dem lebenden Volk, Kleine Kirchgasse 6?

2

Redner, steckt weg eure Zettel. Nichts mehr davon,
   ich bitt euch.
Würde haben wir, doch ist ganz die Blöße bedeckt?

1970

Wie Poesie?

I

Anderswo stellt man die Frage: Wozu noch Literatur? Warum Poesie? Anderswo gibt man die Parole aus: Produktion einstellen. Nicht hier. Wir haben andere Sorgen. Wir fragen: Wie Poesie?

Das Gedicht ist eine Notierung. Die Notierung ist noch nicht Poesie. Poesie setzt eine Beziehung zwischen Schreiber und Leser (Sprecher und Angesprochnem) voraus, die der Text ermöglicht. Jeder Text wird erst begreiflich, wenn er Vorgang zwischen Menschen wird, in dem sich sein linguistischer Inhalt als Bedeutung realisiert: also der Angesprochne erfährt, worauf der Sprecher hinauswill *bei ihm* und *derart* und *jetzt*. Diese Bedeutung aber vermittelt der Gestus des Gedichts: in dem sich der bestimmte sinnliche Inhalt äußert, aber in Form von Zeichen für ein menschliches Verhalten. Der Gestus enthält also jene doppelte Struktur, die erst Poesie macht: ikonische und semantische »Schicht«, beide gegeben mit den selben Zeichen – ihre Einheit macht den Text auf dem Papier und kommunizierbar zugleich, sinnlich und gesellschaftlich bedeutsam zugleich, schön und brauchbar zugleich.

Aber das Gedicht ist für sich nur eine Notierung; seine Bedeutung ist mit dem Text nicht identisch, sie wird produziert in der Beziehung von Subjekten *mittels* des Textes: und wenn er Wirkliches faßt, ist uns ermöglicht, »dazwischenzukommen«, uns zu dem Wirklichen zu verhalten. Das Gedicht produziert also ein Verhältnis zur Wirklichkeit. Das setzt aber voraus, daß nicht längst Bekanntes versinnlicht wird: »die ars popularis«, wie Wolfgang Heise sagt, »behandelt ihre Adressaten als Objekte, nicht als Subjekte, die ihre eigne Möglichkeit ergreifen, mit der Realität sich selbst entdecken«[1] im Gedicht. Es setzt voraus das *Exemplarische* der sinnlichen Erfahrung, worin die merkwürdige Subjektivität des Gedichts besteht, das Betroffensein vom Wirklichen – mit andern Worten: die Objektivität liegt in der Subjektivität; es ist erlebt, was vorgeführt wird; es ist Modell, was einzeln scheint. (Subjekti-

[1] *Warum Poesie?* In: *kürbiskern* 3/1969.

vität heißt also nicht, das Gedicht handle vom Autor, sie ist nicht ichförmig.)

Der Verzicht auf das Exemplarische derErfahrung, aus Unvermögen und Armut des Dichters, unterm Vorwand der Profanierung, die sich als Hilfestellung versteht, die den Leser gewissermaßen äußerlich einbezieht, baut eben nur das Gedicht ab, sie gibt das Bild nicht als Zeichen, sie verzichtet auf die *grundsätzliche* Metaphorik der Poesie, die gerade ihre Methode ist, die ihre praktische Natur ist.

Die Verdopplung erst, die die spezifische Dialektik der Poesie, als Vorgang, ist, vom Besonderen ins Kollektive, vom Ausschnitt in den Prozeß, vom einzelnen Gefühl und Tun und Willen zur Totalität der Gefühle und der Taten und des Wollens usw., und die der zeichenhaften Notierung bedarf, läßt den Leser in das Gedicht, seine Anwesenheit im Gedicht ist vorbereitet. Und in den poetischen Vorgang werden wir uns vermengen nur, wenn er eine Menge vermag. Er schafft uns eine neue Wirklichkeit – wie schon die Notierung eine scheinbare Wirklichkeit enthält –, aber sie läßt uns frei. In ihr können wir andre sein und doch wir selber, wir können Möglichkeiten durchspielen und mit uns umgehn, Ungewohntes erproben und andere Bedürfnisse mitleben, also: wir können uns verhalten. Das ist es, was das Gedicht auslöst: es löst uns von unsrer alten Existenz. Wir gehn über uns selbst hinaus, wir werden reicher. Wir fühlen unsre Wesentlichkeit. Wir wollen uns und die Welt verändern: wir treten uns im Gedicht selbst gegenüber als gesellschaftliches Wesen, wir sehen uns in unserm Wesen bestätigt. Das ist der Genuß, den das Gedicht gibt: wir genießen uns selbst.

So, durch alle erst, beginnt die Poesie zu wirken, wird sie wirklich.

2

Es wird gegenwärtig versucht, aus dem stillen Wasser der Poesiegeschichte Traditionslinien herauszufischen; das ist nützlich: insbesondere die »Rehabilitierung« Heines, Weerths, Herweghs und Weinerts, eben der *Geschichte* der sozialistischen Lyrik. Bei der Anlandung solcher Gegensätze wie pontifikal und profan aber wird man in die Binsen gehn, wenn man aus dem Pontifikalen einen Popanz aufbaut und aus dem Profanen ein Ideal. Da würden historisch bedingte Erscheinungen verallgemeinert und würde zwischen abstrakten Polen operiert, statt den wirklichen Prozeß zu nehmen und aus diesem den wesentlichen Widerspruch der Tradition der ideellen (und künstlerischen) Produktion zu entdecken. Den wirklichen Bruch in der Tradition auch der Poesie, den Hegel nicht sehen konnte, da sich in seinem System die Selbstbewegung der bürgerlichen Gesellschaft abschloß gegen ihre Aufhebung durch die proletarische Revolution, machte das revolutionäre Verhältnis zur bürgerlichen Gesellschaft, ein Verhältnis, das die Welt als Objekt der Revolution nimmt und produziert wird von der Arbeiterklasse. Zuerst ausgesprochen haben dieses Verhältnis und diesen Bruch, die kopernikanische Wende in der Philosophie und Kunst, Marx und Engels.

Die Beschwörung jenes andern Bruchs in pontifikale und profane »Linie« übersieht die Bedenklichkeit beider; sie zielt nicht auf die Einheit von appellativer und Ausdrucks- und Darstellungsfunktion. So stellt sie auch barsch Weinert gegen Hölderlin. Die *komplexe* Funktion aber meinte Brecht, als er von der »schönen widersprüchlichen Einheit« bei Goethe sprach (»Welch ein Abstieg!« nachher[2]). Wo sie nicht ist, wird der Leser so oder so als Objekt behandelt, über den entweder mit nichtobjektivierter Innerlichkeit hinweggeredet oder der mit Appellen kommandiert wird. Im Grunde gehn die Beschwörer abstrakt an ihren Gegenstand: sie beschäftigen sich mit den Ergebnissen der literarischen Produktion und nehmen sie als Maß für heutige, anstatt sich mit den Bedingungen zu beschäftigen, die sich entwickeln, und an den Bedingungen zu messen. Sie beschaun die Notierungen statt die Kommunikation. Diese aber realisiert die Poesie, und nur in bezug auf sie kann man von Tradition sprechen. Vorsätzliche Wiederholung von Inhalten und Techniken der Notierungen allein ergibt nur Traditionalismus; zu wiederholen ist aber das Verhältnis zur Wirklichkeit, für uns: das revolutionäre Verhältnis zur Gesellschaft, und die Gesellschaft ist es, die das Verhältnis als immer neues verlangt, den *Kommunikationsprozeß* revolutioniert. Solcherart ist Traditionsbewußtsein – es ist nicht

2 *Zu den Epigrammen*, III. In: *Über Lyrik*. Frankfurt am Main 1964.

Fetischisierung des Traditionellen, z. B. des großartigen Weinert. Es ist klar: in der Tradition steht man immer nur im nachhinein; man stellt sich in die Wirklichkeit, dann steht man in der revolutionären Tradition.

Oder wird die Poesie als etwas so Reines betrachtet, das sich selbst bewegt aus sich über sich zu sich?

3

Das hieße etwas fordern von der Kunst, aber nichts fordern von der gesellschaftlichen Entwicklung. Das machen einige. Ich habe das Gefühl, die wollen nichts, die sehen nichts vor sich, *die kämpfen für nichts.* Aber wenn derart die Wirklichkeit als Misere behandelt wird, wozu dann die Kunst? wozu? Als falsches Bewußtsein. Wenn sich in Gedichten das Selbstbewußtsein der revolutionär Handelnden und Wollenden ausspricht, schreien manche gleich: Messianismus! und: Anspruchsliteratur! Sie versuchen gar nicht, sie können gar nicht in den Vorgang hineinkommen, der Poesie ist, der brauchte ihre aktive Haltung; gegen dieses Maß an Ignoranz kann Poesie nicht an. Sie tut nicht Wunder, nur die Schreitenden können sich in ihr überschreiten. Dies Selbstbewußtsein der Poesie wird als verdächtige Erscheinung empfunden, aber es ist ihr Wesen. Es ist auch nicht nur Teil der Subjektivität im Gedicht, sondern immer mehr der Objektivität der Praxis, die ins Gedicht kommt. Und wo ist revolutionäre Praxis ohne Bewußtsein, ohne Ansprüche, Hoffnungen, Pläne, Beschlüsse? Und wo ist die Gesellschaft, in der sich all das anders als in den einzelnen ausspricht? Man kann, bitte schön, eine »unpersönliche« Dichtung haben, aber dann bitte erst eine persönlichkeitslose, anonyme, also unmenschliche Gesellschaft. So anonym ist nicht mal der Kapitalismus, daß sie nicht schon da »Organ der sozialistischen Möglichkeiten«[3] sein könnte. Um wieviel mehr ist sie unserer Gesellschaft »»Instrument‹, die Totalität ihres Zieles, das Ganze ihres Kampfes für die Individuen wie für ihre einzelnen Entwicklungsphasen ... zur erlebbaren Erfahrung werden zu lassen«, und zwar in der exemplarischen Erfahrung des einzelnen!

3 Wolfgang Heise, a.a.O.

Das Gegenteil dessen wäre die passive, nur reproduzierende, den Zustand, nicht die Bewegung gebende Kunst, die affirmative, nicht operative. Solche käme aus mit einer beschränkten Ästhetik der Form.

4

Die Poesie, die teilhat an der Emanzipation aller menschlichen Sinne und Eigenschaften, die *wie nichts andres* den Reichtum der gesellschaftlichen Beziehungen bewußt macht, schreibt sich also nicht aus Vergangnem her, sondern aus Zukünftigen, das in den wirklichen Beziehungen schon enthalten ist. Sie selbst Organ der Veränderungen, und Veränderungen zeigend, wird schon in ihrer Notierung die Dialektik dieser Prozesse vorgeben, die wird sich in der Struktur *schon der Notierung* niederschlagen. Das läßt uns allerdings »zurückkommen« zu erprobten enormen Mitteln der Literatur-Klassiker. Und bei diesem, materialistischen, Wiedergewinnen dichterischer Dialektik braucht man nicht so zu tun, als wäre damals nichts geschehn in der Lyrik; Marx tat nicht so, als hätte Hegel nie an dem berliner Pult gestanden – obwohl er nicht von Hegel ausging, sondern, z. B. in der *Kritik der Hegelschen Rechtsphilosophie*, von der Wirklichkeit des Staats. Die hegelsche Konkretheit ist auch die Konkretheit der *Bewegung* im Text und im Kommunikationsprozeß; Verlust an Dialektik ist Verlust dieser Bewegung, ist Verlust des Gestischen. Unter diesem Aspekt betrachten merkwürdigerweise jene Theoretiker die Traditionslinien nicht. Wenn heut einige Dichter nur an jenen alten Techniken kleben, so einige Theoretiker an alten Inhalten. Diesen und jenen fehlt das Leben.

Die allseitige, sozialisierende, mit einem trocknen Wort: wissenschaftliche Haltung, die uns Genuß wird, kann sich nicht nur so herdichten, sie muß auch dem Gedicht als Produkt eigen sein. Das Abbild muß nicht nur Vorbild, sondern auch Gebilde sein. Was Ziel und Gegenstand des Dichtens ist – wird auch seine Methode werden.

1970

Was gefällt Dir an der Singebewegung?
(Antwort auf eine Rundfrage)

Daß sie aus einem wirklichen Bedürfnis kommt: dem Bedürfnis nach Gemeinschaft, nach mehr an Gemeinschaft, als sich in den Betrieben und Wohngebieten entwickelt. Kunst, da sie gleiches Fühlen bei vielen erregt, hatte schon immer eine vereinende Wirkung, und besonders das Lied: durch seinen chorischen Gestus, der selbst die bloß Zuhörenden einschließt. Wieviel mehr kann die Kunst in einer Gesellschaft, deren Kraft und Schönheit die Gemeinschaft wird! Wo das Wesen der Kunst und das Wesen der Gesellschaft zum erstenmal übereinzustimmen beginnen! Aber, der Vorzüge des Lieds wegen, muß sich die »Singebewegung« das Recht nehmen, noch kämpferischer zu sein, als Bewegung konkreter, operativer, freundlicher.

Wir hatten in den sechziger Jahren zu wenig Achtung vor dem Lied, der anspruchsvollsten und schwierigsten Kunstart, wir hatten die Nase voll von den »leeren Liedern« und hatten recht damit: aber haben nicht recht behalten. Unsre übrige Arbeit forderte beßre Lieder heraus.

Wie kommen wir zu denen? Am ehesten in den Singegruppen selbst: wenn sich die Dichter ihnen anschließen. Und dort ist so eine modellhafte Gemeinschaft, um die das Singen geht. Überhaupt: die einzelnen Künste müssen einander näherkommen, und alle Tätigkeiten, Produktion, Verwaltung, wenn es um den Menschen geht, der eine Einheit ist und nicht mit zwei Seelen herumläuft. Das kann nicht nur eine Einheit der Intention sein, sie muß sich materiell, organisatorisch vorgeben. Kommen wir nur einfach zusammen für eine gemeinsame Arbeit – und schon beginnt das, was wir inständig wünschen.

1970

Revolutionslied

Freie, wie sehr sind wir frei
Von Hunger, Kält und Pein?
Keine Laus im Fell mehr und kein Loch im Bauch
Die warme Stube auch –
Das kann nicht alles sein.
  Nicht den Namen, nein: die ganze Sache.
  Kein Gered, Genosse: unsre Tat.
  Und nicht für die Klasse sondern mit der Klasse.
  Nicht die Fabriken nur: den Staat.

Freie, wie sehr sind wir frei
Von Gott und Jesu Christ?
Könnt endlich selbst euch euern Weg befehln
Und laßt euch nicht erzähln
Daß es schon alles ist.
  Nicht den Namen, nein: die ganze Sache.
  Kein Gered, Genosse: unsre Tat.
  Und nicht für die Klasse sondern mit der Klasse.
  Nicht die Fabriken nur: den Staat.

Freie, wie sehr sind wir frei
Zu fragen: wo hinaus?
Wollt ihr euch hörn, braucht ihr nicht mehr zu schrein.
Rollt nicht die Fahne ein:
Es reicht uns noch nicht aus.
  Nicht den Namen, nein, die ganze Sache.
  Kein Gered, Genossen, unsre Tat.
  Nicht mehr für die Massen sondern mit den Massen
  Und nicht Fabriken nur, den Staat.

Freie, wie sehr sind wir frei?
Von Willkür und Betrug?
Seid Knechte nie auf euerm freien Land
Es liegt in unsrer Hand:
Es ist niemals genug.
  Nicht den Namen, nein, die ganze Sache.

Kein Gerede, ihr, nein, unsre Tat.
Land und Stadt, wir werden eine Klasse
In den Fabriken und im Staat.

1970

Während des Spiels der Truppe der Mnouchkine

Als ich vor einigen Jahren sagte, dasTheater werde seinen exklusiven Vorspielcharakter verlieren, die Rampe zwischen Bühne und Saal werde »niedergerissen«, war das eine vage Andeutung, und ich konnte mir, wie ich zugab, selbst nicht vorstellen, wie sich Derartiges vollziehen sollte. Während des Spiels der Truppe der Mnouchkine in einer Halle der ausgedienten Cartoucherie von Vincennes dämmerte mir für Augenblicke, was einer, der gewußt hätte, was er sagt, gemeint haben könnte. Man führte das Spektakel *1789* auf, eine lustige grobe Montage, auf fünf kleinen Holzbühnen, zwischen denen die Zuschauer defilierten, sofern sie sich nicht auf die hölzernen Bänke an der einen Längsseite festgesetzt hatten. Die Mittel waren zusammengestoppelt aus mehreren Jahrhunderten Theatergeschichte, vom Mysterienspiel bis zum Agitprop, aber so kräftig und erregend eingesetzt, daß die nahebei gastspielende BE-Mannschaft mit ihrer *Commune* sehr alt aussah. Eine Szene zeigte die Vorbereitung des STURMS AUF DIE BASTILLE: auf jedem der Podeste begann ein Schauspieler zu sprechen, leise und konspirativ, und um jeden, um ihn zu verstehn, sammelte sich eine Schar Zuschauer, und er verwickelte sie in den Kampfplan, eine atemlose Stille und Spannung umher – die sich erst und mit einem Schlag löste, als das FEST DER REVOLUTION durch den Saal wogte, halb Zirkus, halb Kundgebung. Man konnte, hineingezogen in die alte Handlung des Volks und mehr als nur innerlich beteiligt, reden und kommentieren oder schreien, oder vornehm lächeln wie der schöne Jean Marais, der mit seinem dicken Freund herumlief. Die Franzosen, mehr als wir Deutschen geschaffen für solche Entäußerung, machten auch in den nächsten Szenen von dieser Möglichkeit des Benehmens im Theater Gebrauch, und als zuletzt der pomphafte Zug der zufriedengestellten Bourgeoisie geschminkt und feist sich mitten durch uns hindurchstieß, brüllten Hunderte in äußerster Wut und Erbitterung und traten den Schranzen in den Tüll.

In diesen Augenblicken also stellte ich mir vor, dies wäre kein Stück über das Jahr 1789, sondern ein Stück über den Mai 1968, und es wäre jetzt der Mai 1968 und nicht der Mai 1971.

Und es spielte vielleicht nicht das Théâtre du Soleil, oder das wäre politisch auf der Höhe und imstande, die Ereignisse vor der Tür so vorzuspielen, daß es den »Zuschauern«, den Arbeitern und Studenten von Paris, in dieser revolutionären Situation eine praktikable Taktik vermitteln könnte. Und sie aus der Halle herausdrängten, entschlossener, bewußter und einiger, zu ihren Bastillen. Ja, ich stellte mir vor, daß in dieser Situation die Zellen der FKP an mehreren Ecken und Enden der Stadt solch ein »Theater« veranstalteten.

Ich mußte mir aber zugleich von mir sagen lassen, wie selten in diesen Zeitläufen so zugespitzte Handlungen des Volks sind und wie erbärmlich abhängig sich solches Theater macht von der Bewegung der Welt. Ich gab mir auch zu, aus dem angenommenen Glücksfall des Ineinsfallens theatralischer und geschichtlicher Aktion sei vielleicht das Wesen, aber noch keineswegs die Erscheinungsform des künftigen Theaters abzulesen. Ich war also durchaus nicht mit mir einig und fragte hinwiederum, ob sich nicht denken ließe, die Lebensweise der menschlichen Rasse könnte sich in den ferneren Jahrhunderten derart verändern, daß immer häufiger, oder immerfort, Anlässe solchen Theaters sich bieten, daß der Alltag des Volks angefüllt sein wird mit schönen, umstrittenen Aktionen, mit großer, unabsehbarer Bewegung?

1971

Politik und Poesie

I

Die Poesie ist ein langer Prozeß, und sie macht diesen Prozeß der Welt und sich selbst. Es war um die Mitte des 19. Jahrhunderts, daß sie sich dessen schlagend bewußt wurde. Von da ab datieren die mörderischen Parolen einer Dichtung, die sich als modern verstand – Parolen, an sie selbst adressiert. Und von da ab datieren die kühnen Verslein, die sozialistische Poesie waren – Verse in den Kampf der Klassen geschleudert. Wie in jedem bewußt *gemachten* Prozeß: es standen sich plötzlich zwei Parteien gegenüber, selbst in der Brust manchen Dichters. Die Sache, um die es ihnen erklärtermaßen ging, war nicht dieselbe. Aber die Zeugen waren dieselben: die immer größere Zahl der Industriearbeiter, die Landarbeiter, die Grundbesitzer, die Enormes unternehmenden Unternehmer. Und die Richter waren dieselben: die Polizei, die die unmaßgeblichen Urteile ausschrieb.

Marx sagte[1], die Menschen machen ihre eigne Geschichte, aber sie machen sie nicht aus freien Stücken. Die sozialistische und die »moderne Poesie« schreiben sich aus denselben gesellschaftlichen Veränderungen her. Die eine reagierte mit »Angst« (aus der Rilke seine »Dinge« machte), mit »Verzweiflung« (durch die Ponge die Welt erklärt glaubte), die andere wählte den Streit (wie Heine für das »Himmelreich auf Erden«), die Revolution (in deren »Waffenverzeichnis« Majakowski seine Feder schrieb). Für die eine sagte Mallarmé: »Schließe das Wirkliche aus, es ist gemein«. Für die andere sagte, viel später, Brecht: »Lege den Finger auf jeden Posten«. Welche Differenz zwischen den Plädoyers, zwischen dem abstrakten Satz von Novalis: »Die Poesie ist das echt absolut Reelle« und der Umsturztheorie von Marx: »Die soziale Revolution des neunzehnten Jahrhunderts kann ihre Poesie nicht aus der Vergangenheit schöpfen, sondern nur aus der Zukunft. Sie kann nicht mit sich selbst beginnen, bevor sie

---

1 In seiner Schrift *Der achtzehnte Brumaire des Louis Bonaparte.* In: Marx/Engels, *Werke,* Band 8. Berlin 1960.

allen Aberglauben an die Vergangenheit abgestreift hat.« Pound, Eliot – Majakowski, Brecht: das sind *zwei* Literaturen, die eine unterschiedliche Haltung zur Welt artikulieren, die von Opfern und die von Kämpfern. In dem Prozeß der Poesiegeschichte, der seit hundert Jahren läuft, immer wieder verschleppt durch Eingriffe brutaler Staatsgewalt und beschleunigt durch die Aktionen des Proletariats, geht es darum, welche Rolle der Dichter spielen kann (und ihm zu spielen erlaubt wird) in der Gesellschaft. Es geht darum, ob er sich, als Dichter, einmischen kann und darf in die wichtigeren menschlichen Entscheidungen: in die Politik.

2

Die Dichtung der sozialen Revolution begann jedoch nicht einfach »mit sich selbst« und unverhüllt vom »Aberglauben« bürgerlicher Klischees und Formen. Überhaupt ist das, was sich sozialistische und was sich moderne Poesie nennt, nicht getrennt und gesondert zu begreifen; die sozialistische Dichtung, als Organ der Arbeiterbewegung, ihrer Streiks und Straßenkämpfe, entwickelte sich mit der »modernen« und gegen sie und ist gesättigt von ihr ebenso wie vom Überdruß an ihr. Der Fall *Majakowski und der russische Futurismus* allein wischt die theoretischen Experimente aller Reinheitsfreunde weg. Die moderne Poesie, insoweit sie, wenn auch paradoxer, Widerstand gegen die bürgerliche Endzeit war, lief auf den Futurismus hinaus: der nicht mehr, wie der Symbolismus, die Welt »nicht annehmen« wollte, sondern sich der Welt stellte, um sie (wenigstens auf dem Papier) zu zerschlagen. Er war, wie Gorki zugab, aktiv. Die Futuristen stellten sich vor allem den Widersprüchen der späten bürgerlichen, entfremdeten Kunst, »die in die Illusion der Realität und in das Grübeln über sie« aufgespalten ist und »wo die Form ein variables Mittel ist, das den verschiedensten Zwecken dienen kann, oder wo die Form im Gegenteil ein rein ästhetisches, formal exhibitionistisches Element ist«.[2] Diese Kunst behält

2 Zdeněk Mathauser, *Die Kunst der Poesie. Stufen, die zur Oktober-Dichtung hinführten.* Prag 1967.

»dem Inhalt die Kritik der Wirklichkeit vor« (wenn überhaupt). »Der Inhalt des Werks wird hier zur Domäne des Ideologischen, Historischen, Sozialen, Relativen, während die Berührung mit dem Absoluten der Form überlassen wird: Die Form soll die absolut vollkommene und harmonische Darstellung der Unvollkommenheiten sein, die der ideelle Inhalt entdeckt hat ... das ist das Kunst-Modell, welches wir gewöhnt sind, als das einzig normale anzusehen. Ein stetes Wegschreiten und Wegstreben vom ›ideologischen‹ hin zum ›ästhetischen‹ Pol.« Zdeněk Mathauser meint nach dieser Überlegung, und er übertreibt, daß dagegen etwa der Futurismus seine Positionen in der Nähe des sozialen Pols bezogen habe. Die scheinbar bloß ästhetische Revolte, das Aufbrechen des bürgerlichen Kunstprinzips, war allerdings ein sozialer Akt: insofern, als er ihre Akteure umkrempelte – und an einem bestimmten Punkt, bei zugespitzten gesellschaftlichen Widersprüchen, den Blick frei machte dafür, daß die literarische Revolution angewiesen ist auf und zum Zweck haben muß die soziale Revolution. An diesen bestimmten Punkt kam Majakowski. Die gewollte Disharmonie der älteren Futuristen war auch nur wieder ein Kennzeichen des Ästhetentums; weder auf diese noch auf die Aporien des bürgerlichen Realismus konnte sich der sozialistische Realismus berufen. Der brauchte eine umfassendere Haltung als eine bloß ästhetische. (Er läßt sich auch nicht auf etwas festlegen oder präparieren wie eine Leiche in der Anatomie. Ihm gegenüber versagen Begriffe wie »Harmonie«, den auch Mathauser für einen Moment bemüht, da müssen andere Begriffe her. Die sind nicht aus der bürgerlichen Literaturgeschichte zu gewinnen.) Aber er ist ein Produkt und ein Prozeß, eines größern als eines literarischen Disputs. Er wächst stückweis, er ist mit den Narben des Kampfes bedeckt. Majakowski, schreibt Mathauser, »als dieser Dichter nach dem Oktober für einige Zeit seinen Namen verleugnet, als er bewußt bis zur Anonymität mit dem Kollektiv verschmilzt, als er aus dem Begriff ›sozialer Auftrag‹ eines der Hauptschlagworte des nachrevolutionären Futurismus und natürlich in erster Linie seines eigenen Schaffens macht, da tritt rückwirkend, erinnernd alles Humane im vorrevolutionären Futurismus, jenes meist noch abstrakt Humane, das seiner nachoktoberlichen Wandlung vorausging und sie möglich gemacht hatte, all das, was die Kritiker des futuristischen ›Zynismus‹ nicht hatten sehen wollen, wieder auf; da erinnert man sich, wie der lyrische Clown Wladimir Majakowski ob des Überdrucks an Liebe wie ein Weibchen tobte, das seine Muttermilch nicht loswerden kann, tragische Geigen umarmte und die Schnauzen der Trambahnen küßte.«[3]

Die prozessierenden Parteien der zwei Literaturen nahmen sich die Worte aus dem Mund. Sie beerbten einander: an ihren Techniken, ihren Aktivitäten. Ihre einzelne Köpfe wechselten die Lager. Es sind nicht einfach zwei *Linien*. Wo das Ich des Dichters nicht mehr zur Ruhe kam »in einer Ewigkeitsvorstellung, sei sie mythischer, christlicher oder ästhetischer Art«[4], artikulierte es sich politisch.

3

Heute ist der Prozeß fortgeschritten; die sozialistische Poesie hat sprechen gelernt, und die moderne beginnt – zu verstummen. Ein Verstummen natürlich, das sich selber pausenlos ausspricht, und zur Sprache bringt, daß die Sprache nichts Wirkliches mehr fassen könne. Das Wirkliche, das erst als gemein gescholten und sublimiert wurde, später, bei den Expressionisten, als bloßes Requisit, ungesellschaftlich, paradieren durfte, entzieht sich nun der leergelaufnen Sprache, die keine geschichtlichen Zusammenhänge mehr kennt. Einer Sprache, die zu allem greift, was überhaupt verfügbar ist, zu allem Gesagten, aller aufgerührten Bildung, und zu allem banalen Geschwätz.[5] Einer Sprache, der alles zum Mythos wurde, schließlich sie selbst. Die sich als »dichterische Weltsprache« versteht und als etwas, das »an sich ist« und nicht durch etwas (etwa durch eine Funktion, eine Situation, einen Gestus). Ihre Welt ist eine alte Provinz: das Hirn im entfremdeten Schädel.

3 A.a.O.
4 Georg Maurer, *Welt in der Lyrik*. In: *Essays 1*. Halle 1968.
5 Vgl.: Hans Mayer, *Sprechen und Verstummen der Dichter*. In: *Das Geschehen und das Schweigen. Aspekte der Literatur*. Frankfurt am Main 1969.

In Mundhöhe

In Mundhöhe, fühlbar:
Finstergewächs.

(Brauchst es, Licht, nicht zu suchen, bleibst
das Schneegarn, hältst
deine Beute.

Beides gilt:
Berührt und Unberührt.
Beides spricht mit der Schuld von der Liebe,
beides will dasein und sterben.)

Blattnarben, Knospen, Gewimper.
Äugendes, tagfremd.
Schelfe, wahr und offen.

Lippe wußte. Lippe weiß.
Lippe schweigt es zu Ende.[6]

Die Struktur der »modernen Poesie« wird der Unzusammen-
hang, ihr Kompositionsgesetz die Unänderlichkeit, die Vereinzelung von allem, auch der Sprache: das Schweigen.

Was hat die sozialistische Poesie gelernt? »Mythische Fixie-
rungen engten ein ... Als hätte die Menschengesellschaft nur
die eine ewig gültige Form, um eine große Zahl von Spielen,
die sich selbstverständlich im einzelnen unterscheiden, auszuführen. Diese ›ewige Form‹ ist durchschaubar und damit über-
windbar. Weil sie vielleicht sechstausend Jahre alt ist, hat sie
nicht den Anspruch erworben, unsterblich zu sein. Ihr Motor
war der ›ewige Klassenkampf‹, die Auseinandersetzung zwischen oben und unten ... Der Widerspruch zwischen Altem
und Neuem, die Unterschiede, die das Geschehen beim Menschen ausmachen, können auf Grund eines neuen Bewußtseins ausgetragen werden, der Machbarkeit. Durch die Arbeit
ist der Mensch geworden. Durch sie ist die Menschheit miteinander verbunden und zugleich allverbunden ... Jeder
braucht jeden. Kein Mensch ist Sache des andern. Dieser

---

6 Paul Celan, *Sprachgitter*. Frankfurt am Main 1969. Das Gedicht ist repräsentativ
für die Sache, nicht für Celan, der zu einigen Zeiten auch ein politischer Dichter
war.

Zusammenhang der Menschheit ist das neue Kompositionsgesetz.«[7]

Der Rauch

Das kleine Haus unter Bäumen am See.
Vom Dach steigt Rauch.
Fehlte er
Wie trostlos dann wären
Haus, Bäume und See.[8]

Mit diesem Bewußtsein wird sozialistische Poesie *machbar*. Vorausgesetzt, man begreift sie als etwas Ganzes, das als Ganzes geschaffen werden muß, und mißversteht nicht Inhalt und Form, die Abstraktionen sind: und will nicht mit bürgerlichen Prägwerken unsere Materialien formen.

Und vorausgesetzt, man beruhigt sich nicht bei diesem Bewußtsein. Das Zusammenleben wird doch anders werden als jetzt. Es hat seine Widersprüche, seine Nöte und Gefahren. Es ist nicht viel gewonnen mit der Konstatierung eines allgemeinen Fortschritts, wir sind immer neu gefordert als denkende, unbestechliche, verändernde Leute. Die dauernde Bemühung miteinander ist unsere poetische Welt. Das gilt es zu lernen, also das meiste.

4

Die Bedingungen unsrer Tätigkeiten werden von diesen Tätigkeiten weitergetrieben. Die Bedingungen des Dichtens entwickeln sich, und damit die »notwendige« Dichtung. Die ist, vielmehr sollte sein, ein »ganz eigener, nicht nur thematischer, sondern auch struktureller (die Art der hergestellten Beziehungen zwischen Subjektivität und Welt betreffender) Niederschlag veränderter Gesellschaft.«[9] Das ist eine Hoffnung für die Poesie: die Chance für ihre eigne Kraft, ihre Wachsam-

7 Georg Maurer, interviewt von Dieter Schlenstedt, in: *Weimarer Beiträge* 5/1968.

8 Bertolt Brecht, *Buckower Elegien.* In: *Gesammelte Werke*, Band 10. Frankfurt am Main 1967.

9 Dieter Schlenstedt im Interview mit Georg Maurer. A.a.O.

keit, ihre unerwartete, überraschende Anwesenheit in neuer Gestalt.

Daß sich das so verhält, läßt sich zeigen. Ein Sonderfall des politischen Gedichts, nicht besonders der Rede wert, das *Herrscherlob*, war von einiger Bedeutung in Zeiten progressiver Zentralgewalt, inklusive seiner sanften Kehrseiten, des Tadels und der Warnung. Walther von der Vogelweide diente damit nacheinander drei Herrn: den Kaisern Philipp, Otto und Friedrich II. Das Lobreden ist mehr oder weniger heruntergekommen, bis zum apologetischen Geseich auf die Führer der verschiedenen Welten. Zugleich qualifizierte sich die Kritik zu unerhörter Schärfe, Béranger »diente« mit ihr nacheinander Napoleon, Ludwig XVIII. und Louis-Philippe. Hans Magnus Enzensberger sagte mit Recht, daß das Herrscherlob und die Herrscherschmähung heute keine Poesie mehr ergibt[10], aber er hellte den Grund nicht sehr auf. Im Grund ist beides nicht mehr möglich wegen der veränderten Rolle der Persönlichkeit in der heutigen Geschichte. Der *Gegenstand* widersetzt sich der alten poetischen Methode. Die Verdienste, für die Herrscher gelobt werden sollen, sind immer weniger nur ihre und immer weniger aus ihnen zu erklären, und die Kritik auch kann sich immer weniger nur an sie halten. Die »Herrscher« (schon das Wort widersetzt sich nun dem Gebrauch) im Imperialismus sind vorgeschobne Figuren, austauschbare, blutige Clowns an verborgnen Seilen; der »Herrscher« im Sozialismus werden zu viele, als daß einzelne noch enorm exponierte »verherrlicht« werden könnten (ja je exponierter sie noch sind, desto weniger ist das bloße Loben angebracht). Das Lobgedicht bedarf einer andern als der alten, höfischen Struktur: es gelingt nur noch als operatives und kritisches (parteiliches), es muß die *Gesellschaft* werten, an der der Mann gemessen wird, statt daß er an *sich* gemessen wird. Das Lob, das die Poesie jetzt zu vergeben hat, spricht sich sehr anders aus als im Loben: im Aufdecken der Möglichkeiten, und adressiert sich an viele.

Die Tatsache also, daß etwas in der Poesie nicht geht, ist aus den gesellschaftlichen Verhältnissen zu erklären; der Grund

---

10 Hans Magnus Enzensberger, *Poesie und Politik*. In: *Einzelheiten*. Frankfurt am Main 1962.

liegt nicht »in der Poesie«, sondern die mögliche Poesie hat ihren Grund in diesen Verhältnissen. Sie ist politisch, wo sie *die Verhältnisse* bewußt angeht, und zwar die wirklichen, gegenwärtigen, nicht kaschierten, und reaktionär oder progressiv, je nachdem, ob sie ihren Frieden mit ihnen macht oder was sonst. Das Politische ist der *Poesie* nicht aufgesetzt – wo das geschieht, ist sie selber nicht mehr anwesend. Das Politische ist als menschliche Haltung Substanz des heutigen Gedichts, mit dieser Haltung steht oder fällt es: eine wirklich »arbeitende Subjektivität« (Dieter Schlenstedt) kommt ohne sie nicht aus. Und diese Haltung gewinnt und hat der Dichter nicht nur als Dichter.

5

Eine verlorene Partei führt den Kampf nicht mehr in ihrer Praxis weiter – sondern theoretisch. Als die moderne Poesie sprachlos wurde, wurde die moderne Theorie redselig. Wegen ihres Erschreckens vor den gesellschaftlichen Vorgängen mag sie sich Phänomene wie Politik und Poesie nicht vereinbaren, behauptet deren Unverträglichkeit und diffamiert entweder das eine oder das andere schlechthin.

Selbst brillante Kritiker des bürgerlichen Bewußtseins sind an diesem Punkt voller Ressentiments und springen nicht schnell über den fremden Schatten. Enzensberger sagte einst (aber das ist lang her), Dichtung dürfe nicht unpolitisch sein aber auch nicht »Instrument der Politik« – das wär gegen das Wesen der Poesie.[11] Als ob es keine Politik gäbe, die zu machen lohnt, als ob menschliche Ziele heute nicht (bestimmter) Politik bedürften. Und als ob die gesellschaftlichen Arbeiten für immer getrennt betrieben werden müßten (und die Leute selber inwendig getrennt fortkrauchen sollten). Da sprach er von jener alten Poesie eben, in der sich das *unpraktische Verhältnis* zur Wirklichkeit ausdrückt, von jener Hermetik der Moderne, die sich selbst einschließt. Im Namen der »dichterischen Integrität« gesellt sich diese Poesie den Dingen, von denen sie spricht, nur zu, statt sich eingreifend zu ihnen zu verhalten. Da arbeitet die Subjektivität sozusagen im Leer-

11 *Der Fall Pablo Neruda.* A.a.O.

lauf. Da wird die Poesie wichtiger genommen als die Welt, von der sie lebt. (Enzensberger blieb nie stehen in seinen Ansichten, die alten seien nur zitiert, weil keiner die Bedenklichkeiten besser formulierte; und seine Praxis ging gelassen über sie hinweg.)

Er sagte versuchsweise auch, Poesie solle mit der vorherrschenden Produktionsweise Schritt halten – »so aber, wie man mit einem Feind Schritt hält«; und das Gedicht sei »Antiware schlechthin«. Die entfremdete Gesellschaft, die alles, auch die Kunst, zu manipulieren sucht, wird da wiederum als ewig gesetzt. Aber nur wo alles zur Ware wird, sucht etwas »Antiware« zu werden. Es kommt auf den Markt an, ob Gedichte verwurstet werden oder verwertet. Majakowski, mit seinen ziemlich unbestochenen Versen, postierte sich bewußt und laut auf den sowjetischen Markt. Er machte seine Gedichte zu einer *praktikablen* Ware: zu Waffen. (Die Warenwirtschaft ist im Sozialismus noch nicht aufgehoben, sie hat aber einen andern Charakter. Die Waren bleiben nicht eigentlich Waren: nicht einfach für den Austausch bestimmte Produkte voneinander unabhängig betriebner Privatarbeiten, sondern Produkte zunehmend vergesellschafteter Arbeit zur geplanten Befriedigung der Bedürfnisse. »Zunehmend« hat zur Folge: der Widerspruch zwischen Gebrauchswert und Wert der Produkte wird gelöst.) Majakowski hatte etwas zu bieten, das überhaupt nur auf dem sowjetischen Markt seinen vollen Gebrauchswert hatte, weil es (ich meine nicht nur seine Reklameverse) speziell für die Bedingungen dieses Marktes produziert war. Daher der einmalige, unwiederholbare Charakter seiner Fabrikate, dies oktoberische trade-mark, das sich selber schützt durch die Peinlichkeit aller ideologisch lizenzierten Nachvollzüge. Wer das nachahmt macht Ausschuß; z. B. bestimmte Anstrengungen Jewtuschenkos bewiesen es. (Mir scheint gerade Majakowskis Versuch, eine nichtillusionäre, nichtbeschreibende, nichtmoralisierende Dichtung zu eröffnen, die Teil des politischen Kampfs, nicht dessen bloße Widerspiegelung ist, wichtig, und Mathauser hat recht, daß gerade Majakowskis Fragen an diese *Produktion mit sozialem Auftrag* bedeutend sind, wenn auch die Antworten, die er *als Dichter* gibt, uns jetzt »oft allzusehr vereinfacht« scheinen.[12])

12 A.a.O.

Die Forderung, die Poesie nicht »ideologisch zu Markte zu tragen«, ist zudem lustig genug angesichts des harten Fakts, daß den bürgerlichen *Markt* die Ideologie gegenwärtig gar nicht schert, daß auf ihm Baudelaire und Brecht gleichermaßen (lustlos) gehn. Deshalb kann auch Poesie nicht mehr durch bloßen Widerspruch engagiert sein – wie sie es in den zwanziger oder dreißiger Jahren vermochte. Die Zeiten sind härter geworden. Man kann, wir sahn es, nicht von den Möglichkeiten der Vergangenheit leben. Destruktive und anarchistische Lyrik mißhagt den Herrschenden längst nicht mehr als »Bärendienst«, wie der junge Brecht meinte; sein Beisatz »der Ruf nach ›keiner Herrschaft‹ mag insofern der bestehenden dienen, als er den Ruf nach einer besseren übertönt«[13] ist der sozialistischen Literatur längst zu einem Grundsatz geworden.

Statt einer kritischen brauchen wir eine revolutionäre, eine praktische Haltung.

Eben weil, was die Poesie ausspricht, die empfundenen Beziehungen des Menschen, das Leid und die Lust, nicht durch sie ausgeräumt oder produziert werden kann, muß sie »nach draußen« wirken, aus sich heraus, daß die vielen das *praktisch* bewältigen. Das ist das politische Wesen der Poesie. Dafür wird sie gefürchtet und verfolgt, und gelesen und verbreitet.

Ein letztes Argument könnte den schon entschiedenen Prozeß in der Schwebe halten. Der Dichter, lautet es, sei in der Zwickmühle, entweder »die Dichtung um ihrer Zuhörer« oder »ihre Zuhörer um der Dichtung willen« zu verraten: wenigstens *noch*. Klarheit, Verständlichkeit – oder noch einmal »dichterische Integrität«, soll das heißen. Das weist auf eine wirkliche Schwierigkeit, aber verabsolutiert sie. Es ist der letzte Schluß aus den falschen Prämissen, die die Poesie als Einstieg in sich selbst behaupten, als Einstieg in das eigne »echte Selbstbewußtsein« (wie es der subjektive Idealismus von Novalis bis Perse beanspruchte), und nicht begreifen als Vorgang *zwischen Leuten*.

Diesem Argument können nur Gedichte entgegnen.

Eluard hat als Dichter nicht verloren, er hat gewonnen in den

13 *Über die Lyrik und den Staat*. In: *Gesammelte Werke*, Band 19. Frankfurt am Main 1967.

Versen der Resistance. *Avis* heißt ein Gedicht: Bekanntma-
chung – dessen öffentliche Absicht sich schon im Titel äußert,
und in dem Klarheit und Poesie geradezu auseinander ent-
stehn:

> Die Nacht die seinem Tode vorausging
> War die kürzeste seines Lebens
> Der Gedanke daß er noch lebte
> Verbrannte ihm das Blut in den Pulsadern
> Das Gewicht seines Leibes machte ihn krank
> Seine Kraft ließ ihn aufstöhnen
> Ganz auf dem Grunde seines Entsetzens
> Hat er begonnen zu lächeln
> Er hatte nicht EINEN Genossen
> Sondern Millionen und aber Millionen
> Um ihn zu rächen er wußte es
> Und der Tag brach für ihn an.[14]

6

Jeder Beobachter des Prozesses weiß, daß sich die sozialistische Poesie oft nicht klug beträgt. Sie gibt falscher Verdächti-
gung ausreichend Nahrung. Wo sie ihre Substanz preisgibt.
 Ich meine die ungezählten alles- und nichtssagenden Verse,
die alles benennen aber nichts erkennen, das bloße Preisen,
diese rotgestrichne Hermetik.
 Was geschieht da? Die »arbeitende Subjektivität« reduziert
sich zu einer arbeitslosen. Der Dichter wird Zuschauer: ohne
Beziehungen zu andern. Er gibt sich da auf als denkendes,
veränderungwollendes Individuum. Die Anteilnahme erstarrt
zu Affirmation. Von der Betätigung bleibt nur Bestätigung.
Dasselbe könnte gut ein Stempel erledigen. Das Gedicht wird
zum unbewußten Spiel mit der Zufriedenheit, der Trägheit,
die allzuleicht zu haben sind. Es verspielt seine Chance. Das
fällt auf: Poesie stellt sich so nicht her. Sie entsteht nur aus
einem produktiven Verhältnis, das sie ausdrückt (mag es ein
zerstörerisches, verzweifeltes, fröhliches sein), der Dichter

14 *Choix de Poèmes.* Neuwied, Berlin 1963. Das Gedicht übersetzte Stephan
Hermlin.

muß sich selbst einbringen, auch wenn er nicht von sich spricht. Er muß sich zu Leuten in Beziehung setzen. Maurer sagte es eindringlich: »die Perspektive« (die wir selber sind) »darf sich nicht über unsern Köpfen und Herzen verselbständigen, sonst wird sie der schlechteste Mythos. Sie darf keine Realitäten umgehen, sonst gerät sie in den Bereich der Deklamation.«[15] Keiner der großen sozialistischen Dichter, der nicht zuzeiten in diesen Bereich geraten wär.

In dem Prozeß der Poesie legt sie selber immerfort ihr Geständnis ab – über ihren Umgang mit den Realitäten. Die Revolution hat die sozialistische Poesie freigesprochen, aber für immer auf Bewährung.

Den Prozeß verunklärt aber mehr. Manches Gedicht druckt keine Zeitung, in die es gehört – nicht etwa, weil das Gedicht ein feindseliger Angriff, eine »Kritik von außen« ist, sondern weil es ausdrücklich seinen Bezug auf eine geplante gesellschaftliche Entwicklung anzeigt, auf etwas, das erst *werden* muß. Es ist eine Erfahrung: sobald bestimmte Angelegenheiten, wie sozialistische Demokratie, produktiv verhandelt werden im *Gedicht*, wendet sich eine liberale, brave Kritik gegen den Dichter. Er mißverstehe »die volle Dialektik« usw. Sie sucht nach »Ausweisworten« (spottete Maurer), als Signalen der Billigung der Verhältnisse. Nein, diese Kritik mißversteht das Wesen der Poesie. Wir haben verschiedene Auffassungen von der Funktion von Gedichten, oder von Demokratie – die auch ein Prozeß ist, an dem noch vieles offen ist, der alle Anstrengung verlangt, darüber dürfen wir uns nicht im mindesten täuschen. Ihn zu betreiben ist Sache der Poesie wie jeder anderen Arbeit. Was sonst wäre jetzt ihre Sache? Ihn hat sie mit aller Entschiedenheit zu betreiben, wenn sie sich selbst jetzt betreiben will. Und welchen Geistes denn sollte sozialistische Dichtung sein als des jener Sätze Marx', die ihren Sinn für die *begonnenen* Revolutionen des zwanzigsten Jahrhunderts nicht verloren haben: »Proletarische Revolutionen . . . wie die des neunzehnten Jahrhunderts, kritisieren beständig sich selbst, unterbrechen sich fortwährend in ihrem eignen Lauf, kommen auf das scheinbar Vollbrachte zurück, um es wieder von neuem anzufangen, verhöhnen grausam-gründlich die Halbheiten, Schwächen und Erbärmlichkeiten ihrer ersten

15 *Welt in der Lyrik.* A.a.O.

Versuche, scheinen ihren Gegner nur niederzuwerfen, damit er neue Kräfte aus der Erde sauge und sich riesenhafter ihnen gegenüber wieder aufrichte, schrecken stets von neuem zurück vor der unbestimmten Ungeheuerlichkeit ihrer eignen Zwecke, bis die Situation geschaffen ist, die jede Umkehr unmöglich macht, und die Verhältnisse selbst rufen:

> Hic Rhodus, hic salta!
> Hier ist die Rose, hier tanze!«[16]

7

Es wurde gefragt, ob politische Dichtung, da sie eine besondere Funktion habe, auch eine besondere Form verlange: »etwa die Klarheit einer einleuchtend schlagenden Formulierung«[17] (was mehr heißen will, als daß sie verständlich ist).

Die Politik durchdringt das ganze Leben der Gesellschaft im Sozialismus, zieht jeden Bürger in sich, oder vielmehr jeder zieht sie aus sich. Sie bekommt eine andre, ungewohnt universalere Form. Sie ist nicht mehr der Kampf zweier Klassen – der Bourgeoisie, die die politische Macht behalten, und der Arbeiterklasse, die sie erobern will –, jetzt geht es um die Ausübung der Macht durch die Arbeiterklasse und ihre Verbündeten. Das heißt: um den ganzen Reichtum der möglichen Beziehungen, in die sich die vielen setzen. (Die Entwicklung der politischen Beziehungen ist natürlich letztlich der Prozeß des »Verschwindens« des politischen Wesens der Beziehungen, den die Klassiker voraussagten.)

Die politische Poesie (als die sich die sozialistische ja begreift), als wachsames Korrelat dieses Prozesses, wird also auch universaler, verliert ihre besondere Funktion; die entwickelte Gesellschaftsstruktur führt zu einer entwickelten Struktur der Dichtung. Es geht ihr nicht mehr um Menschen, die sich *für den einen Zweck* erheben, nicht mehr um diese eine beschränkte Funktion der Klasse, die Aufrüttlung, Agitation brauchte. Es geht um die arbeitenden, planenden, genießenden Leute in ihrem umfänglichen Kampf mit der Natur,

16 A.a.O.
17 Dieter Schlenstedt, a.a.O.

vor allem ihrer eignen, der sozialistischen Gesellschaft. Denen braucht man nicht mit Parolen kommen, denen braucht man überhupt nicht kommen. Die sind wir, sie sprechen sich in unseren Gedichten aus und zu – mit den fordernden, lachenden, traurigen Stimmen, die sie jetzt haben. Mit ihren sinnlichen, natürlichen Gebärden. Die politische Dichtung wird die jetzige Dichtung überhaupt, man braucht sie nicht mehr so zu nennen, weil die Dichtung insgesamt aus ist auf die Macht der Menschen über ihre Verhältnisse.

Hier beginnt wohl dies sehr Erhoffte, daß sich die Politik zur Magd der Poesie macht, weil zur Magd des Menschen: und wir können diese verkehrte Formulierung umkehren. Die Menschen machen die Politik immer mehr im eignen begriffenen Interesse, für ein mögliches menschliches Zusammenleben. Die Poesie nimmt diese Möglichkeit wahr, läßt nicht von ihr ab, und sie schreibt sich von da her.

In dem Prozeß der Poesie können Urteile gesprochen werden; vollstrecken muß sie, was sie annimmt, selbst.

Das kann gesagt werden:

Poesie kann nicht nach einer folgenlosen Autonomie jagen, sie muß sich in den geschichtlichen Prozeß stellen. Statt dem »Druck der Herrschaft« auszuweichen oder ihn zu billigen, muß sie für die Herrschaft der Massen kämpfen. Sie wird nur dann für alle sprechen, wenn sie sich dem politischen Auftrag stellt. Das ist ihre Zerreißprobe; darin mag fast alles scheitern, damit etwas entstehe.

Nicht bloße Kritik kann noch ihre Inspiration sein, sondern die praktische Haltung zum Wirklichen. Die kann sie nur gewinnen, wenn sie sich als Teil aller menschlichen Tätigkeiten begreift, von den zerstörerischen sich abgrenzt und mit den freundlichen kooperiert.

Poesie muß ans Ende gehn: das in den Dingen selber liegt. Sie muß aufzeigen oder ahnen lassen, wohin alles führt. Sie kann nur vorwegnehmen, wenn sie *für* das Wirkliche spricht: wenn sie die menschlichen Möglichkeiten aufspürt; diese sind ihre Möglichkeit.

Sie zielt im Grund auf das Ende aller Politik, indem sie die sozialistische Politik betreibt.

1971

Das Eigentliche

Während wir selbstsicheren Affen
Uns auf den Bildschirmen feilhalten
Wissen wir kaum, was wir eigentlich wollen:
In unsern Redensarten, Freunde
Kann der Sinn nicht ganz liegen.

Während wir magere Daten speisen
Während wir Pläne basteln aus dünnem Papier
Während wir uns an die Linie halten
Wissen wir kaum, was wir eigentlich machen:
Was wir herbeizitieren
Wird uns nicht mehr gleichen.

Wir wissen es kaum, aber eigentlich
Geht es uns nur um das
Was wir umbringen mit vielem Getue
Was wir zuschütten mit grämlichen Eifer
Was wir vergessen in aller Eile
Was wir scheuen wie eine Freude.

1972

Die Leute von Hoywoy

Zehn Jahre nach den großen Erdarbeiten im mitteldeutschen Loch, die mich die Jugend gekostet hatten, suchte ich in einer der neuen Städte vergeblich zwischen vielen angenehmen Leuten jene, die ich gekannt hatte. Auf dem breiten Gelände sah ich einige ähnliche oder entfernt verwandte Gesichter, die ich für Momente verfolgte, aber die Freunde blieben verschluckt vom Boden. Ich ging an die Haustüren, die Namen zu finden, die ich vergessen hatte. Ich setzte mich an eine Theke, das Bier war gleich schlecht geblieben, ich sah träg auf die Straße.

Nach wenigen Gläsern erinnerte ich mich, daß sie nie hier bleiben wollten, daß es langweilig gewesen war, daß sie hingegangen sein würden, wohin sie wollten. Und auch dort blieben sie wohl nicht, verharrten sie wohl nicht zwischen den Werkzeugen. Wie das Bier in ewigem Kreislauf zwischen Hahn und Kehle und Feld und Hahn (in nicht übersehbarem und verwickeltem Gang) unterwegs ist, so zögen wohl sie durchs Land, füllten es, in ständigem leichtem Kreisen um Häuserblocks und Industrieteile, ohne Halt. Aber blieben nicht gleich schlecht dabei, in anderen Berufen, besserer Arbeit, die sie lockte, die sie herauszog aus ihrem Loch.

Gewiß, es gab noch Leute hier, auf dem weißen Beton, die aussahn wie damals sie – aber wie lange würden die bleiben? Denn ich hatte allmählich, als das Bier schon schmeckte und ich noch Ausschau hielt, das fatale Gefühl, daß hier nichts beim alten bliebe und alles wegflösse und anders würde. Und sie selbst, würde ich sie denn wiedererkennen, auf dem Beton? Sind sie, die sie waren? Hatten sie nicht längst andre Worte und Bewegungen, weiße Kittel oder elektronische Maschinen?

Ja, hatten sie nicht so vieles verändert – warum nicht auch sich? Hatten sie nicht diese Stadt gebaut, aus andern Stoffen als je, mit andern Fluchtlinien, anderen Gebilden? Saßen sie nicht auf enormeren Möbeln, aßen von schwerer zu bewältigenden Tischen, lagen auf Daunen federnd wie Schiffschaukeln? Sollten sie nicht, die so beweglich waren, sich aus sich selbst bewegt haben, herausgerissen, herausgeboxt? Hatten sie nicht schon einige wunderbare Dinge gemacht, wie dies?

Fabriken in eigne Hand genommen, die Schrott waren oder Schrott wurden und jetzt, flüchtig besehn, fantastisch funktionierten! Land enteignet und verteilt in Fetzen, wieder zusammengetan unter fast unerklärlich besseren Bedingungen! Die falschen Lehrer von den Pulten gejagt und selbst nichts gewußt: und waren aus sich selber schlau geworden – Zauberei! Den Staat zerschlagen, der sie zerschlug in einzelne, und wieder einen gebaut: der sie vereinte – ein Wunder! Das hatten die Leute gemacht. Und sie hoffte ich zu finden noch kenntlich, deutlich, unberührt? – Mit einer Ahnung im Kopf, die sich festsetzte, fragte ich mich: Sind sie vielleicht anwesend hier, und ich erkannte sie nicht? Was machen zehn Jahre aus einem Gesicht! Waren sie nicht alle einige Male aus der Haut gefahren? Sie sind bekannt dafür! Was macht diese Zeit aus den Menschen!

Ich zahlte dann und verließ das Lokal. Ich ging mißtrauisch, verstohlen die Leute musternd, durch die Straßen, grüßte mehrmals, wenn mir eine Hutkrempe älter schien, beliebige Leute, die mir plötzlich sehr vertraut waren, oder die hinreichend bekannt sein würden, oder bei denen einiges möglich war.

1971

Drei ausgelassene Antworten
(Zur Heine-Ehrung)

I

Es wundert mich gar nicht, daß ich angesichts unseres behutsamen öffentlichen Denkens die Arbeit dieses längst toten Mannes bewundere. Die Unerschrockenheit, mit der Heine, und neben ihm nur Georg Büchner, die verschwommenen liberalen Forderungen seiner Zeit zugespitzt hat zur Frage nach den sozialen Verhältnissen, hat ein Maß gesetzt, vor dem selbst unsere DDR-Literatur ziemlich kurz aussieht. Heine galt nicht die Kunst als das Höchste, sondern die »erste wirkliche Welt«[1], also das wirkliche Leben der Leute. Er schrieb, das war 1830, in einem Brief: »Der Schiller-Goethesche Xenienkampf war doch nur ein Kartoffelkrieg, es war die Kunstperiode, es galt den Schein des Lebens, die Kunst, nicht das Leben selbst – jetzt gilt es die höchsten Interessen des Lebens selbst, die *Revolution* tritt in die Literatur, und der Krieg wird ernster.«[2]

Das ist die Konsequenz, die ich meine, das Durchdringen auf den Grund der Sache. Diesen unbestechlichen Scharfsinn Heines im Kopf, kommt es mir mitunter vor, als befände ich mich in ganzen Haufen von Aristokraten. Unser öffentliches Denken ist oft nur äußerlich politisch, es will nicht immer wirklich ernst machen mit unsern Vorsätzen. Selbst die Zeitungsschreiber, wie eine verbreitete Sorte von Beamten, nehmen zögernd die wirkliche Lage der Leute wahr und ihre Bedürfnisse und Ansprüche. Ich bin mir der Ironie bewußt, die in dem Fakt liegt, daß wir in jedem Dezember einen Heinrich-Heine-Preis verleihen und dabei mancher die Empfänger furchtsam anschaut, ob sie nicht etwa ernst mit diesem Erbe machen.

1 *Die Romantische Schule*. Erstes Buch. In: *Werke und Briefe*, Band 5. Berlin und Weimar 1972.
2 An Karl August Varnhagen von Ense, am 4. Februar 1830. A.a.O., Band 8.

Ich finde es nicht sehr lustig, über Heine zu lachen, weil ihm vor dem bevorstehenden Löffelkommunismus graute, wo für alle »dieselbe spartanische schwarze Suppe«[3] gekocht wird. Lenin hat das Nötige dazu gesagt – daß sich die Kommunisten den ganzen Reichtum der Kultur vieler Jahrhunderte aneignen müssen[4]; aber das sind zunächst auch nur Sätze. Das ist aber eine Frage. Wo läuft sie denn herum hier, die »gebildete Nation« der Kulturbeilagen? Und was stellen wir schon an mit uns, in unsern Wohnhülsen und Kulturschuppen? Wir sind mit positiven Beispielen versorgt, und bei dem Niveaugefälle wird uns keiner Gleichmacherei vorwerfen können. Und allerdings drehn wir aus Heines Gedichten keine Tüten, »um Kaffee und Schnupftabak darin zu schütten für die alten Weiber der Zukunft«[5]. Aber wir haben keinen Grund, seine Sätze höhnisch wegzuwischen. Vielleicht war seine testamentarische Angst, die er uns vormachte, nur sein letzter ironischer Coup: daß wir sagen sollen, der arme Henri, was hat er sich für Sorgen gemacht! – aber es war gar nicht seine Sorge, er wollte uns nur befeuern, daß es unsere Sorge wird!

3

Der Ernst der heineschen Konsequenz nur kann unsere Kunst heiter und überlegen machen; alle billigere Fröhlichkeit ist nur ärgerlich. Vor allem aber sind Heines Gedichte Poesie und nicht bloße Tendenz. Seine Verteidigung gegen die Ansicht, daß der »echte Demokrat herzlich schlicht und schlecht« schreiben müsse, ist verdammt aktuell, solange sich jede Reimerei auf Heine beruft, und wenn auch ein »Liebhaber der Form« nicht mehr als Feind des Volks angesehn wird, so machen ihn seine Ansprüche doch noch immer leicht verdächtig. Das kommt, weil wir noch entfernt sind von jener heite-

3 *Lutetia.* A.a.O., Band 6.
4 *Die Aufgaben der Jugendverbände.* In: *Werke,* Band 31. Berlin 1961.
5 *Vorrede* zur *Lutetia.* A.a.O.

ren, sinnlichen Gesellschaft, an die Heine dachte, die eine
»reiche« Demokratie ist, eine Demokratie, in der, wie Heine
fröhlich sagte, alle gleichherrlich und gleichberechtigt sind.

1972

Tabus
(Diskussionsbeitrag)

Nachdem die großen Tabus der bürgerlichen Gesellschaft
weggeräumt sind – hat es da noch Schwierigkeit, die Wahrheit
zu schreiben? Über das Thema Besitzverhältnisse und das
Thema Macht läßt sich doch frei reden. Oder wie frei? Wie
groß ist unser Interesse an Wahrheiten? Welche soziale Lage,
welche Widersprüche zwischen den verbliebnen Klassen und
zwischen dem Führungsapparat und den Massen im Sozialismus befördern und verhindern das Interesse an Wahrheiten?
Werden nicht noch, wenn auch verschämt, von Gruppen von
Leuten in ihren Einflußbereichen Privilegien, Administration
usw. tabuiert?

Die Wahrheit liegt nicht auf der Hand, noch weniger auf der
Zunge. Die Parteilichkeit der Literatur, also die Art und
Weise, Wahrheiten zu finden und zu verbreiten, hat nicht
mehr jene »fünf Schwierigkeiten«, von denen Brecht sprach –
da die Literatur nicht mehr aus einem inneren oder äußeren
Exil heraus operiert, sondern innerhalb der Gesellschaft arbeitet wie die Lunge in der Brust. Aber die Sache der Literatur
bleibt schwierig, solange einige platte Dinge tabu sind wie in
alten Zeiten.

Z. B. Aufgaben, weil sie noch nicht lösbar sind. Das ist
selbstredend ein fauler Vorwand; wahr ist in solchen Fällen:
man ist unfähig, die Aufgaben als Prozeß zu erklären und den
ungeduldigen Leuten den *Tag* wichtig zu machen. (Man mag
auch spüren, daß uns die Tagesaufgaben zu klein geraten.)
Schlimmer ist aber, und symptomatisch, daß man Aufgaben
tabuiert, weil sie längst hätten gelöst sein müssen, also weil
etwas im Leben versäumt wurde. Die Literatur, meint man da,
darf nicht hervorholen, was noch nachgeholt werden muß.
Und man meint sich schon deshalb im Recht, weil das die
Literatur eben wirklich nicht nachholen kann. Bleibt, wenn
ein zwei Bücher heiter sind, das Leben nicht noch immer
tierisch ernst? Oder was kann ein Roman gegen die Art des
Strafvollzugs? Eine Komödie gegen die Aura der Unfehlbarkeit von Funktionären? Die Literatur kann ja nur aufregen zu
Veränderungen. Darüber regt man sich also auf.

Tabuierung ist immer die unpraktische Lösung, schon deshalb, weil sie sich selbst nicht wahrhaben will. Denn Tabus rühren nicht von Einschränkungen, die wir uns bewußt und öffentlich auferlegen aus bestimmten taktischen Erwägungen, sondern von unausgesprochenen, schleichenden, geradezu abergläubischen Übereinkünften, deren *Erklärung* nicht mal mehr genehm ist. Tabuierung bedeutet: den Kopf in den Sand, den man, nach ihr schnappend, Luft nennt. So mag sich bücken wer will.

Es hilft nun aber nichts, zu sagen, es gebe für uns keine Tabus, wenn es sie gibt. Unsere Klassenlage und Herrschaftsstruktur bilden sich wie gesagt in ihnen ab. Wir dürfen die Tabus nicht wegreden oder wegdenken, wir müssen uns ihnen stellen. Und einigermaßen aufrecht alles *auf uns nehmen*. Tabu ist, was wir nicht verantworten wollen: das müssen wir verantworten. Die *Mitbestimmung* in der sozialistischen Gesellschaft z. B., der Schauspieler im Theater, der Schüler in der Schule usw., läßt sich nur entwickeln durch *Mitbestimmung*. So merkwürdiger, gebrechlicher Art sind unsre Tabus.

Die Existenz unsrer Gesellschaft ist nämlich nicht an Tabus gebunden: das ist neu. Ja, diese Gesellschaft kann nur weiterexistieren und sich entwickeln, indem sie ihre Tabus aufgibt, das heißt indem sie sich selbst rigoros anrührt. Wir müssen die Verhältnisse *bis zu Ende* vom Kopf auf die Füße stellen, und nicht auf den Bauch legen. Tabu darf nicht länger heißen: daß da etwas nicht geändert werden kann, es muß heißen: da ist eine Aufgabe. Wir sollten das Phänomen unsrer gesellschaftlichen Tabus also nicht länger nur kritisch, sondern produktiv betrachten: als die klarste und härteste Aufforderung zu »positiver, schöpferischer Arbeit« (Lenin) auch der Literatur.

Was tut uns also not? Nach einer Befragung der Vorstandsmitglieder des Berliner Schriftstellerverbandes ist es das:

eine offne Atmosphäre des Fragens, um zu wissen statt zu glauben (Steineckert),

Fragen nicht erst zuzulassen, wenn bereits die Antworten vorliegen, da sonst die Kollektivität der gesellschaftlichen Arbeit schlechthin unmöglich ist (Sommer),

genau und bis zu Ende hinzuhören und nicht schon beim ersten Mucks die Hände über dem Kopf zusammenzuschlagen (Uwe Kant),

zu erkennen, daß es gar nicht um Grenzen der Thematik, sondern unserer gestalterischen Fähigkeiten geht (derselbe),

damit aufzuhören, unsere fertigen Ansichten zu illustrieren, vielmehr in der Arbeit unsre Ansichten zu entwickeln (Bengsch),

den mittleren Funktionären in den kulturellen Institutionen (Theatern, Verlagen, Redaktionen, Kulturhäusern, Fernsehfunk) die Angst vor Tabus zu nehmen, um Fehlentscheidungen zu verhindern und zu erreichen, daß die wichtigen Fragen vor und mit der Bevölkerung behandelt werden (Hauser),

uns vor allem selbst zu befragen, wo wir stehn, ob wir, wenn wir uns vom Ich zum Wir bewegen, auch vom Wir zu einem reichen, kräftigen, verantwortlichen Ich kommen (Edel),

die Bemerkung Erich Honeckers auf dem 4. Plenum, daß es von der festen Position des Sozialismus aus keine Tabus geben könne, als erneute und ermutigende Aufforderung zu nehmen, die wichtigen Fragen unsrer Revolution in unsern Arbeiten anzugehn, und zwar so, daß sich die Wirkung nicht gegen die Absicht kehrt (Görlich).

All das tut uns vorläufig not.

1972

Zeitungsgedicht, redigiert

Was auch geschehn mag, ich sage
Was ich – – – – – –
– – – – nicht schweige
– – – – und zeige
Die Fehler – – – – – –
– – – – – – – – – – –
– – – – – –
– – – – – –
Der andern – – – – – – –
– – – – – –

1967

Unnachsichtige Nebensätze zum Hauptreferat
(Nichtberücksichtigte Wortmeldung)

1

Wenn ein Plenum das vermehrte Interesse an Literatur ausspricht, so ist es nicht Sache der Schriftsteller, Akklamationen
abzuliefern, sondern ihre Lage unnachsichtiger zu überden-
ken. Denn bei größerem Interesse ist das Erreichte schneller
verbraucht und überholt.

2

Günstige Zeiten für die Literatur sind nicht, wenn sie »gut
behandelt« wird, sondern wenn sie gesellschaftliche Unternehmungen neuer Art findet, die sie zu ihrer Sache machen
kann. Macht sie es mit Konsequenzen, dann wird sie eine
Literatur neuer Art.

3

Unsere Literaturwissenschaft kommt uns mitunter nur mit
den Forderungen der Tradition. Soweit das so ist, steht sie in
einer schlechten Tradition. In einer guten Tradition kann man
nicht einfach fortfahren wie in einem Zug, da muß man neue
Gleise bauen, und zwar nach den Forderungen des gegenwärtigen Geländes. Es wäre uns nicht zu helfen, wenn wir uns nur
auf Traditionslinien von Kunst beriefen und nicht vor allem
auf die Zukunftslinien des Lebens.

4

Auf diese Linien weist das Hauptreferat des 6. Plenums des
ZK schon insofern, als es die »Kulturpolitik« nicht für sich
behandelt, sondern zusammen mit der Arbeitskultur, der
Lebenskultur. Erst in solchem Zusammenhang kann ernsthaft

über Literatur gesprochen werden, kann also Literatur ernst-genommen werden. Und nur so ist die überlegene Haltung zu gewinnen, der Literatur ihre Rechte einzuräumen. Wenn ich allerdings bestimmte Diskussionsreden auf dem Plenum lese, so täuscht mich der neue Tonfall nicht darüberweg, daß diese Rechte gar nicht selbstverständlich wahrgenommen, sondern gern verschenkt werden.

5

Es gibt, neben vielen mutigen, zwei Haltungen in vielen Berufen, die mir unpraktisch scheinen. Manche beschränken sich, angesichts der Langsamkeiten oder Härten, auf kunstvolles Räsonieren. Ihr Gestus ist die Feststellung, nicht das Eingreifen. Andere spreizen sich mit ihrem fortgeschrittenen Bewußtsein, und in ihren Arbeiten schreiten sie über die wirklichen Probleme hinweg. Ihre Natur ist dankbar, angesichts der revolutionären Veränderungen, und nicht kraftvoll. Gefühlssozialismus. Soweit das so ist, haben die einen und die anderen unsere Welt interpretiert (und zwar sehr verschieden), aber sie haben nicht entschieden beigetragen, sie weiter zu verändern.

6

Die Schwäche einer Menge Literatur schreibt sich daher, daß in ihr der Mensch noch immer als Objekt der Moral behandelt wird und nicht als Subjekt der Geschichte. Denn für diese Literatur gibt es keine Geschichte, nicht nur, weil sie nicht ehrlich mit der ganzen Vergangenheit lebt, sondern weil sie keine Zukunft kennt. Was ihr als Zukunft gilt, ist die Gegenwart ohne ihre schlechten Seiten. Deshalb ließ sie sich oft überreden, den Brennpunkten und Gefahrenstellen unserer Entwicklung lax auszuweichen – ich meine Daten wie den 17. Juni, den 13. August, den 21. August usw. Und deshalb wuchsen in der Literaturlandschaft wenige große Helden, aber viele armselige oder geknickte, jedenfalls ruhige Beamte. Ebensowenig wie wir können unsere Figuren noch »zurechtkommen«, ohne daß unsere Gesellschaft sozial, kulturell, politisch weiterkommt durch uns. Die Arbeiten einer sozialistischen Revolution lassen sich nicht, und schon gar nicht durch Literatur, übers Knie brechen, aber sie lassen sich auch nicht abbrechen, nur damit z. B. die Literatur bei ihren hergebrachten Mitteln bleiben kann.

7

Was also unsere Literatur am nötigsten braucht und was die Stärke ihrer besten Köpfe ist, ist die unbedingte Entschlossenheit, der Poesie, die bisher nur Augenblicke hatte, Dauer zu geben in den menschlicheren Zuständen. Wie aber kann die Literatur derart praktisch werden? Wie wird sie, die immer von draußen operierte, derart eins mit den entscheidenden Triebkräften der Gesellschaft? Indem sie ihre Chance wahrnimmt, in einem riesigen Ensemble von Tätigkeiten selbst auf eine neue, universalere Weise gebraucht zu werden: nicht als bloßer Protest, nicht als Gegenentwurf, sondern den Raum menschlicher Möglichkeiten herausfordernd öffnend, nüchtern und rigoros, realistisch. Durch die sinnliche Vergegenständlichung unserer verschütteten, vor allem aber der erwachenden Ansprüche. Das ist mehr als je die tiefe Quelle des Genusses, den sie macht.

8

Der Realismus unserer Literatur wird daran zu messen sein, wie total sie diese Ansprüche enthält und entwickelt. Realismus kann nicht mehr nur heißen, ein richtiges Bild der Kämpfe zu geben, sondern sich in den Kampf zu stellen. Das verlangt aber, daß einer nicht nur weiß, auf welche Seite er gehört (das wissen wir alle, und das nützt wenig), sondern mit versucht, die Kampfweise unserer Gesellschaft, die ihr Leben ist, zu ändern, und zwar aus Erfolgen und Fehlern lernend, also die Revolutionstheorie in unserer Praxis weiterentwickelnd. Die isolationistischen Züge unserer Arbeit sehe ich nicht so sehr darin, uns auf einen Formenkanon zu stimmen (der DSV konnte nicht ernsthaft zu einer Weinertisierung aufrufen wie 1929 die RAPP zu jener einengenden Demjanisierung, die Majakowski um vieles brachte, darunter um einige Lust am Leben); ich sehe die isolationistischen Züge darin, unsere gesellschaftlichen Ansprüche zu reglementieren. Es kam lange nicht in den Sinn, daß Produktionsarbeiter und Grundorganisationen andere und kräftigere Lust auf Demokratie, auf Verfügungsgewalt in unserm Staat haben könnten als einige Leiter im Staatsapparat, deren Lust, angesichts ihrer Belastung, geradezu gesättigt sein mochte. Satter Leute Ansichten sind aber selbstgefällig. Dieser Art war der Subjektivismus bestimmter Praktiken unserer Literaturpolitik.

9

Uns offen zu halten für die eignen Lebensbedürfnisse und die der anderen Leute hier und in den andern Ländern: und unser Leben zu steigern und zu vereinen – das ist unsere unaufschiebbare Arbeit, wenn wir die sozialistische Gesellschaft nicht beschädigen wollen bei den Tätigkeiten, die auf uns zukommen. Diese Arbeit ist buchstäblich lebensnotwendig. Sie ist eine individuelle und gesellschaftliche und internationalistische zugleich. In ihr, und nicht in den Wassergrundstücken der Gleichgültigkeit, empfinden wir die »wundervolle, die Seele versengende Schönheit des Lebens«, von der Gorki sprach. Weniger als je der Fall war ist der Anteil der Literatur an dieser Arbeit durch etwas zu ersetzen. Weniger als je der Fall war ist Literatur denkbar, die nicht auf diese Arbeit aus ist. Auf ihre besondere Weise, wirklichkeitsmächtig zu sein, die Anstrengung der poetischen Idee, kann sie umfassender und subtiler als alles die Epoche repräsentieren und die Sinne der Zeitgenossen treffen.

10

Die Gedanken des Plenums waren folgerichtig an die ganze Partei adressiert. Nach diesem Plenum aber, wir sehen es mehr oder weniger, scheiden sich die Geister. Deshalb ist es gut, die

Leiter in den einzelnen Bereichen nicht allein zu lassen mit ihren Entschlüssen. Das Nötige muß nötigenfalls abverlangt werden. Kultur kann nicht als Beiwerk behandelt werden zu irgendeinem besonderen Werk. *Die* Literatur, die ihre eignen Mittel entwickelt zu dem universalen Zweck, ist eine Abteilung mit gleichen Rechten in unsrer Kolonne. Sie verdient nicht, wie oftmals, Mißtrauen, wenn sie irgendwo allein kämpft. Sondern die andern Abteilungen müssen sich dort fragen, warum sie es tut. Es kann ihr nicht als Hochmut anzurechnen sein, wenn anderswo Kleinmut herrscht.

1972

Interview

Silvia Schlenstedt: Dein erster Gedichtband erschien vor sieben Jahren, der zweite 1970, und die Reclam-Auswahl, die jetzt herauskommt, enthält eine Reihe neuer Gedichte, in denen nicht nur frühere Probleme, Haltungen und Methoden fortgeführt werden, in denen sich – wenn man das so sagen kann – eine dritte Phase ankündigt; es ist da ein Neuprobieren, auch Neudiskutieren dessen, was Du früher gemacht und gefordert hast. Für Deine Entwicklung scheint mir kennzeichnend, von Anfang an und in allen Phasen, die auch im Gedicht unmittelbar geführte Debatte um die Funktion der Lyrik und der Literatur in unserer Gesellschaft. Diese Debatte trug die Provokation des ersten Bandes, sie war stets anwesend in den Texten des zweiten Bandes. Könntest Du formulieren, welche Funktion heute nach Deiner Meinung Gedichte haben sollen und haben?

Volker Braun: Ich will nur davon sprechen, was für eine Funktion sie für mich haben. Die frühen Gedichte waren ein sehr persönliches Mich-Aussprechen zu Vorgängen, in denen ich mich als Jugendlicher sah, was den Vorteil hatte, daß ich bei meinen Erlebnissen blieb. Es geschah oft als provokatorisches Daherreden, ein strenger Bau der Gedichte wurde nicht unbedingt angestrebt. In den folgenden Gedichten, jedenfalls den im zweiten Band versammelten, sprach ich sozusagen als Staatsbürger, der das Wagnis der Vergesellschaftung in seinem deutschen Staat der fatalen Verlängerung der Vorgeschichte in dem andern deutschen Staat entgegenhielt. Der operative Sinn der Gedichte war, und ihre Struktur sollte das transportieren: auf die offenen Enden unserer Revolution hinauszulaufen. Es lag in der Natur der Sache, daß ich daran ging, Vorgänge in ihren Widersprüchen zu fassen und den widersprüchlichen Gang im Bau der Gedichte widerscheinen zu lassen. In dem Band hatte vieles Persönliche, Intime keinen Platz; der Puritanismus der Form hängt damit zusammen. Und mir ist auch eine politische Haltung, die sich bloß national gebärdet, zu arm. Ich versuche auf anderer Ebene zurückzukehren zu einer ursprünglicheren Haltung, die sich nicht so forciert für eine Sache engagiert, sondern für die vielen Sachen, die zum Men-

schen gehören. Das Gedicht hat jetzt für mich zu liefern die
viel intimere persönliche Aussage und das Aussprechen eines
Weltgefühls, das sich nicht an ein Land klammert, sondern
sich viel mehr für das interessiert, was eigentlich die Leute
aller Länder angeht. Das werden die Prozesse der Integration
der sozialistischen Länder sein, die ich als den entscheidenden
Vorgang dieses Jahrhunderts sehe, weil die Revolutionen
überhaupt nur als internationale zu fassen sind und auch
unsere deutschen Aufgaben nicht für sich zu lösen und zu
betrachten sind. In diesem Ausweiten des Blickfelds auf die
Weltgeschichte dieser Zeit und in dem Hineintauchen in die
persönlichsten Dinge sehe ich nicht einen Widerspruch, sondern etwas, das sich geradezu herausfordert, weil alles, was an
Übergreifendem zwischen den Völkern geschieht, doch eigentlich das Herauskehren der Subjektivität dieser Völker und
ihrer Individuen ist. Der Gewinn, auf den man aus sein kann
bei dieser Korrespondenz der Leute vieler Länder, ist doch
der, der für den einzelnen in dieser Gemeinschaft heraus-
springt.

S: Du hast die Stufen Deiner poetischen Methode benannt.
Es gibt aber auch Wesentliches, was all Deinen Arbeiten
gemein ist!?

B: Es ist meine Erfahrung, daß ich mich in meinem Dasein
als politisches Wesen viel zuwenig gefordert fühle. Das sehe
ich nicht als mein persönliches Problem, sondern als ein
Entwicklungsproblem dieser Revolution, unserer sozialistischen Gesellschaft. Und von der grundsätzlichen Auffassung,
daß es gilt, die Lebensweise zu ändern, das heißt die politische
Aktivität der Massen zu fördern, wird, glaube ich, überhaupt
der Gestus meiner Arbeit bestimmt. Und so sehr mich die
ästhetischen Probleme interessieren müssen, weiß ich doch,
daß die Lösung nicht in einer besonders glücklichen und
verblüffenden Art der Darstellung des Gegebnen liegt, sondern im Aufbrechen des Gegebnen. Es kommt darauf an,
diese Gegenwart als Prozeß zu nehmen, und daraus ergeben
sich Konsequenzen sowohl für die eigene Haltung als Bürger
in dieser Welt als auch für die Art, Kunst zu machen. Man
spricht sich aus als einer, der auf etwas anderes mit sich selbst
hinaus will, und man sieht in seinen Produkten etwas, das
sowohl einen Prozeß enthält, den politischen Prozeß, als auch

diesen Prozeß mit macht. Das hat zur Folge, daß wir nicht länger bei der bürgerlichen Ästhetik einer Abbildfunktion von Kunst bleiben können. Das ist zwar *eine* Funktion, aber durchaus nicht die, mit der man das Wesen von Kunst erklären kann. Der Hauptnenner ist sicherlich der, dieses Bild der Wirklichkeit mit zu machen; das ist, glaube ich, seit Brecht überhaupt der größere ästhetische Satz. Wir können nichts anderes geben als die Wirklichkeit, aber in dem Zeigen der Wirklichkeit – indem wir die Sache selbst sprechen lassen, und zwar als Prozeß – spricht sich mehr aus als das, was ist. Daher möchte ich das nicht nur als Abbilden des Wirklichen sehen, sondern als etwas Aktives, als Bilden.

S: Du sprachst davon, daß Anliegen und methodisches Verfahren der Gedichte davon bestimmt waren, den Widerspruch des Gegenstandes, einer bestimmten geschichtlichen Situation im Gedicht zum Sprechen zu bringen, und damit anzudeuten, wohin die Entwicklung führt. Darin liegt ein wichtiges Prinzip Deiner Arbeit, das als Haltung zur Wirklichkeit von allgemeiner Bedeutung ist. Die Schwierigkeit, meine ich, fängt damit an – und zwar nicht nur beim Gedicht, sondern bei jeder Form der Vermittlung geschichtlicher Bewußtheit –, wie diese Beziehung herzustellen ist zwischen den konkreten Erfahrungen des einzelnen, sagen wir der Alltagserfahrung, der Alltagstätigkeit und dem allgemeinen gesetzmäßigen Gang, in dessen Zusammenhang die Alltagstätigkeit steht, die sie aber in ihrer Allgemeinheit nicht immer für den einzelnen selbst hergibt, sondern nur vermittelt enthält und auch vermittelt produziert. Welche Erfahrungen hast Du gemacht, die Dir tauglich scheinen, diese Beziehungen poetisch herzustellen, und welche neuen Wege suchst Du? Zeitweilig war das dominierende Verfahren ja, daß Du zwei Aspekte eines Prozesses im Bild koppelst, so daß das besondere Konkrete und der allgemeine Sinn in einer sprachlichen Wendung knapp zusammengedrängt werden. Das bietet zweifellos besondere Möglichkeiten, in der Darstellung eines Konkreten weitere Entwicklungstendenzen und größere Zusammenhänge zu zeigen, ohne sie als wertende Urteile auszufüllen, als Auslegung des Dargestellten vorzubringen.

B: Solche Mittel sind erst und insoweit von Belang, als die *Wirklichkeit* sie vermittelt. Es hat keinen Sinn, sich etwas vorzumachen und irgendwie *ästhetisch* vermitteln zu wollen zwischen dem Leben der Massen und dem, was wir als ästhetisches Ideal dieses Lebens sehn. Das ist bürgerlicher Zauber. Wir müssen die wirklichen Verhältnisse sehn. Es muß eine *wirkliche* Vermittlung geschehn. Auf einen dürftigen Kompromiß von Kunst und Leben pfeifen wir, und zwar getrost und nicht mehr ungetrost. Die Bewegung unserer sozialistischen Geschichte und unser bewußtes, »überlegenes« Verhalten in ihr stoßen mich mit Gewalt darauf, die Widersprüchlichkeit der Vorgänge nicht nur zu erhalten im Gedicht, sondern, indem ich die Widersprüche sozusagen strophisch miteinander kämpfen lasse, an das Ende der Vorgänge zu gehn. Das ist, glaube ich, die vornehmste Funktion des Gedichts, ans Ende zu gehn. Dazu kommt eine sprachliche Behandlung der Vorgänge, die immer darüber bleibt und durch die Nuancierung des Ausdrucks noch auf etwas anderes verweisen kann. In dem Gedicht *Das weite Feld* z. B. wird gezeigt, wie Genossenschaftsbauern einander näherkommen, und es werden dabei immer wieder Wendungen verwendet, die eigentlich auf das Trennende in der alten Tradition verweisen. Also: »die Schädel gegeneinander« – man könnte meinen, die hauen gegeneinander – »über den Tisch«. Das Zusammenrücken über den Tisch ist so kraß ausgedrückt, daß man zunächst einen alten Sachverhalt erwartet – aber dann ist es der neue. Oder: »verbohrt« – wie das in dem eingefleischten Eigentumstrieb der Bauern lag – »die Finger in den Flurplan«, die Bodenkarte der LPG. Ein konkretes Bild, das die Schwierigkeit dieser neuen Haltung enthält. Eine Art Verfremdung des eigentlichen Inhalts durch verbale Denunziation, die eben das Umgekehrte erreicht, nämlich ein günstiges Herausstellen des Inhalts. Das ist das äußerliche Mittel, aber es muß auch im Innern funktionieren, im Vorgang selbst: der anscheinend nur »an sich« gegeben wird – aber durch leichte Verschiebungen (die alle aus der Sache kommen) zu einem unerwarteten Resultat führt, das seine Neuartigkeit erst ausweist. Das kann auch ironisch funktionieren, wie z. B. in *Die Übersiedlung der Deutschen nach Dänemark*, wo eine Unternehmung so beharrlich ernst genommen wird, bis sie nichts weiter als grotesk ist. Im Grunde ist es so, daß sich dieses größere Mittel, Widersprüche als Vorgänge zu zeigen, wodurch das Gedicht etwas Antithetisches und Gespanntes bekommt und sich selbst zu neuen Sachverhalten durchkämpft, bis in die sprachlichen Formulierungen fortsetzt, in die aufgerauhten Worte, weil sich der Grundwiderspruch eines Vorgangs bis in die einzelnen Teile verfolgen läßt.

S: Dieses Verfahren hat nicht nur große Möglichkeiten, es hat auch Grenzen. Ich sehe eine Gefahr, daß der Vorgang verdeckt wird durch das Aneinanderrücken von Widersprüchlichem in der sprachlichen Koppelung, die Du gerade demonstriert hast. Das kann zum Paradoxen erstarren, etwas Unverbindlich-Spielerisches bekommen. Zuweilen haben die Gedichte dadurch einen immer in sich gebrochenen Gestus. Die Gefahr liegt, glaube ich, nicht beim einzelnen Gedicht, sondern wenn es zur Manier würde. In einigen Deiner neueren Gedichte gehst Du anders vor, z. B. in *Landwüst*, dem Gedicht mit dem merkwürdigen Titel. Da tauchst Du in die Geschichte, indem Du diese Landschaft begehst, und kehrst zurück in ihre Gegenwart, wenn man das mal so grob sagen kann, und indem Du die Landschaft besiehst, holst Du die Geschichte, die in ihr ist, heraus und kommst mit einem neuen Blick in das neue Dorf zurück. Darin ist ein größerer Bogen, ein größerer Atem, nicht der ständig in sich gebrochene Gestus. Mir scheint das ein methodischer Gewinn.

B: Gefahren sind da, wo sich eine Methode verselbständigt und zur bloßen Motorik wird. Aber ich glaube, daß diese Art von gebrochenem Gestus nichts mit Gebrochenheit zu tun hat, sondern mit einem Aufbrechen, das als grundsätzliches Herangehen produktiv ist. Das gehört zu unserer Haltung zur Welt und uns selbst, weil wir alles als Schnittpunkt begreifen von Widersprüchlichem, auch von Vergangenheit und Zukunft. In *Landwüst* stelle ich mich bewußt einer Landschaft, in die ich mich natürlicherweise mischen kann. Es ist die Landschaft meiner Vorfahren, die dort vor 300 Jahren Zimmerleute und Müller waren. Ich kann da überhaupt nur reden, indem ich mich als mehr oder weniger vermischter Fortsatz dieser Geschichte sehe. Das natürliche Sich-Vermengen in Landschaften und in politische Vorgänge ist, glaube ich, eine Voraussetzung, dem Gedicht den Grad von Wahrhaftigkeit zu geben, der Poesie ausmacht. Vielleicht ist bei den neueren Gedichten die Methode, Prozesse zu fassen, mit mehr Überle-

genheit gehandhabt, nicht mehr so angestrengt, sondern lok-
kerer, was nicht nur eine Sache der Sprache ist, sondern der
inneren Haltung zu den Dingen. Es ist ein bedingungsloseres
und freimütiges Sichstellen all dem, was durch einen hin-
durchgeht.

S: Auffällig ist ein elegisches Element, das früher nicht da
war, ein elegisches Fordern produktiver Beziehungen, ein
unbedingtes Gebraucht-werden-wollen, Verwertet-werden-
wollen im positiven Sinne: seinen eigenen Wert einbringen in
den großen Gang. Das erscheint nun nicht nur in der Forderung, sondern auch in der Klage, daß es an dieser Beziehung
noch mangelt – zum Beispiel im Gedicht *Im Ilmtal*, das mich
sehr berührt hat wegen einer Haltung, die Du als die Nötige,
Dir Nötige formulierst, dieses »Ich kann nicht leben ohne die
Freunde«, dieses

> »Und was ich beginne, mit ihnen
> Bin ich erst ich
> Und kann leben, und fühle wieder
> Mich selber in meiner Brust.«

Ich glaube, daß Literatur die Möglichkeit und die Chance hat,
die vielleicht keine andere Äußerungsform des Menschen
besitzt, Sehnsucht zu machen nach Beziehungen und durch
das Beklagen des Mangels Lust zu machen nach der Überwin-
dung des Mangels. Indem Du auf solche Dinge aufmerksam
machst, kannst Du – ohne didaktisches »So soll es sein« –
Sehnsucht wecken auf etwas, das, meine ich, unbedingt zum
Sozialismus gehört – Im-Gespräch-sein, Im-Austausch-sein
mit den anderen.

B: Ich glaube, darum handelt es sich bei Poesie. Poesie liegt
nicht zuerst in den Worten, sie faßt etwas Wirkliches zwischen den Menschen, das man auf Papier festhalten kann. Sie
bleibt sich nicht gleich. In der Zeit, da man etwas an den
Mond adressierte, war es schon ein ganzes Programm von
gesellschaftlichen Empfindungen und Haltungen, sich mit
dem einen zu verbünden – eine Sache, die uns leider nicht
mehr gegeben ist. Wir können Gemeinsamkeit nicht mehr
lediglich in privaten Beziehungen realisieren, weshalb wir
möglicherweise nicht weniger elegisch und unruhvoll sind –

das ist ein produktives, menschliches Gefühl –, aber auch anspruchsvoller sind, weil es uns um größere Verhältnisse geht, um die Art, wie die Leute in der ganzen Gesellschaft miteinander leben.

S: In der Zeit Goethes, auf den Du im Gedicht anspielst, war das Herstellen von »geselligen Kreisen«, wie der zeitgeschichtliche Terminus heißt, ein Element der revolutionären Emanzipation, der Kreis war so etwas wie eine Zelle der frühbürgerlichen Revolution. Unsere revolutionäre Bewegung verläuft anders, öffentlicher, nicht über den Kreis. Indem Du in der ganz bestimmten Situation des Ilmtals diesen Freundeskreis erinnerst, kannst Du nicht nur den Unterschied betonen, sondern produktiv etwas zur positiven Bestimmung unserer gegenwärtig-geschichtlichen Bewegung gewinnen, durch die Kette: Ich – Freunde – »großer Kreis«. Mir scheint das eine durchgehende Intention bei Dir – daß es keine Scheidewand zwischen dem Öffentlichen und Privaten geben soll und gibt.

B: Die Gedichte Mitte der sechziger Jahre waren bewußt öffentliche Gedichte – in ähnlichem Sinn, wie ihn Enzensberger versteht. Das Öffentliche ist eine Qualität, die zur sozialistischen Kunst gehört, aber in der Öffentlichkeit des Gegenstandes kann sich der Gestus des Gedichts nicht erschöpfen. Mir geht es darum, diese Öffentlichkeit zu verpersönlichen, damit sie keine abstrakte Sache bleibt, was den Adressaten wie auch den Sprecher betrifft. Es muß sozusagen ein Sprechen von Mund zu Mund sein. Früher einmal gab es bei mir einen privaten, irgendwie rücksichtslosen Ton, der nur sich selbst aussprach, dann habe ich mich bewußt in ein Kollektiv zurückgenommen, sowohl was die Sprechweise anging als auch das Adressieren der Dinge. Das muß jetzt aus der abstrakten Öffentlichkeit wieder heraus.

S: Verstehe ich das richtig – in *Wir und nicht sie* machst Du Dich zur öffentlichen Figur, die sich zu großen Gegenständen ausspricht, häufig mit den Mitteln des Rhetors, und diese Öffentlichkeit ist jetzt nicht zurückgenommen, sondern sie hat eine andere Gestalt, indem die persönlichen Dinge ausgesprochen werden als Schnittpunkte von Öffentlichem und Privatem?

B: Ja. Es ist ein Unterschied, ob man als Marktschreier spricht oder als guter Bekannter von jemandem.

S: Sagen wir nicht Marktschreier, sagen wir Kommentator, Referent im vollen Sinne: man referiert etwas, man bietet etwas dar, man erläutert etwas, man sagt seine Meinung dazu, man fordert etwas, man fordert auf, worin auch immer etwas Bekennendes liegt. In den neueren Gedichten ist dieses Referieren zurückgenommen und das Sich-Bekennen organischer mit dem Gegenstand verbunden, kann man das so sagen?

B: Was, falls es so ist, darauf hinaus will, daß die Öffentlichkeit der Gesellschaft ihren abstrakten Charakter verliert. Auch das ist nicht mehr mein privates Problem, sondern ein gesellschaftliches, und ein Vorgang, der sich bei vielen abzeichnet oder abzeichnen muß und nicht nur in der Kunst, sondern in allen Lebensäußerungen.

S: Vom *Ilmtal*-Gedicht aus möchte ich eine andere Frage stellen. Auf verschiedene Weise hast Du versucht, den geschichtlichen Standort der Gegenwart poetisch evident zu machen, indem alte tradierte Motive aufgenommen und diskutiert wurden, sei es im Stück durch Figuren oder Fabelelemente – in *Hinze und Kunze*, in *Die Kipper*, sei es im Gedicht durch Figuren und Motive, etwa im *Prometheus* oder, was Du häufig machst, durch das Hereinnehmen von einzelnen Bildern und Wendungen, die verschoben, umgekehrt, variiert werden, so daß das Alte als Unterlage noch durchscheint, aber durch die sprachliche Arbeit das Umarbeiten, Umkehren, Verwerfen früherer Haltungen und Lagen erkennbar wird. Da diese Motive selbst ihre Geschichte in der Geschichte haben, immer wieder aufgenommen und variiert worden sind, kann ein solches Verfahren der Literatur einen verdichteten historischen und geschichtsphilosophischen Gehalt in der Darstellung des Heutigen geben. Wieviel kann solche Umkehrung, solches Dabattieren der Aufhebung für die Gestaltung der neuen Beziehungen und der neuen Verhältnisse leisten? Warum meinst Du kommt man in der sozialistischen Literatur immer wieder darauf zurück?

B: Um uns herum sind nicht nur die heutigen Beziehungen, mit denen wir uns auseinandersetzen, sondern wir sind durch sie mit der ganzen Vergangenheit als Geschichte konfrontiert. Das ist alles zunächst einfach vorhanden, ist in unseren Köpfen. Das sind gewisse Maße, an denen wir uns messen, und es sind Erfahrungen. Es ist aber etwas geschehen, das uns das

Überlieferte auf eine besondere Weise fremd und fragwürdig macht, das uns ihm zugleich aber freier und ungezwungener, heiterer gegenübertreten läßt: wir haben uns aus der Epoche der Unterdrückung einer Klasse durch die andere herausgearbeitet, für uns ist das tatsächlich alles Vorgeschichte. Daraus ergibt sich eine Zäsur, die für die Literatur von ungeheurer Konsequenz ist. Ich habe ein großes Mißtrauen gegen die bei uns gängige Methode, antike Stories zu benutzen, um Probleme unserer Revolution abzuhandeln, ein Verfahren der Sklavensprache, die die Literatur bis heute fließend beherrscht. Es ist aber im Grunde nicht legitim, heutige Inhalte mit den Vorgängen der Klassengesellschaft zu transportieren, das ist unfair.[1] Also wenn ein Stück hindurch auf unsere Verfehlungen angespielt wird, und am Stückschluß wird die Ausbeutergesellschaft zerschlagen, und es beginnt erst unsere Epoche, von der die ganze Zeit eigentlich die Rede war. Freilich kann man alte Stoffe mit dem polemischen Vorsatz aufbügeln, bestimmte begrenzte Verhältnisse als noch archaisch zu kennzeichnen. Mit der Bitterkeit, die in dem Fakt liegt. Da werden nur Erscheinungen gefaßt, und nur vergleichsweise. Um aber die Gesellschaft ganz zu fassen, bedarf es, bei ihrer neuen Struktur, eines viel radikaleren Umgangs mit diesen Archetypen; weil, wie Maurer sagte, was sechstausend Jahre stimmte bei uns nicht mehr stimmen muß. Das geschieht in der Weise, daß große Vorgänge, die zu ihrer Zeit bewegende Geschichten waren, *aufgehoben* werden, nicht sie sind als Vorgang zu geben, sie scheinen nur durch, es wird an sie erinnert, um etwas ganz anderes zu zeigen, das dadurch deutlicher wird. Man muß zunächst diese Geschichten preisgeben, um zu zeigen, wieviel von ihnen sich erhalten und wieviel sich verkehrt hat. Im Gedicht *Prometheus* geht es nicht darum, diesen Mythos zu bemühen, sondern die Sache selbst erinnert ihn: wir tragen das Feuer in den Himmel, und es wird uns nicht vom Himmel gebracht. Diese Art der Benutzung ist keine Adaption, eher ihr erklärtes Gegenteil. Die Umkehrung ist kein zufälliges literarisches Mittel, sondern sie drückt den gesellschaftlichen Vorgang aus, daß die Verhältnisse vom Kopf auf die Füße gestellt werden. Oder so eine Geschichte

---

[1] Ich meine nicht die radikalen Bearbeitungen, die Peter Hacks mit *Omphale* und Heiner Müller mit *Philoktet* unternahmen.

wie die des Gretchen, das barbarisch unter die Räder kommt, weil es unfähig ist, einen Mann wie Faust zu halten: das ist heute nicht als Story adaptierbar. Wenn an sie erinnert wird, dann um das Anderssein einer heutigen Frau sinnfällig zu machen, deren Konflikte mit ihrer Emanzipation nicht weniger hart, aber eben neuartige sind. Es geht mir also nicht um die offenen Enden der Literaturgeschichte, sondern der Geschichte. Außer all dem, und zuallererst, »überkommt« uns natürlich der herrliche platte Spaß mit den Worten unserer Vorgänger, um besser zu treffen und schlimmstenfalls zu sagen: »Was bleibet aber, die Dichter gehn stiften«.

S: Es gibt nun aber Unterschiede, z. B. zwischen Prometheus und Sisyphos oder der Gretchengeschichte. Es gibt Motive und Gestalten, die in ihrer Tendenz offen sind, offen in die Zukunft hinein – Prometheus, der die Tätigkeit zum Prinzip hat, während der Sisyphos die Vergeblichkeit zum Prinzip hat. Deshalb kann man mit dem einen anders arbeiten als mit dem andern. Mit dem Sisyphos kann man wohl nur arbeiten, indem man das alte Bild negiert, er muß den Stein wegschmeißen, während die Haltung im Prometheus, das Schöpferische, das Sich-freimachen vom Schicksal, das Selbstmachen des Schicksals einen neuen Gehalt bekommen kann und dadurch aufgehoben wird. Zudem ist es sicher notwendig, wenn es sich nicht um Figuren handelt, die auf einen Vorgang zu konzentrieren sind wie Prometheus, sondern um ein größeres Beziehungsgefüge, dieses Gefüge zu sprengen, wenn man es umkehren will. Dort, wo komplexere Beziehungen und Strukturen aufgebaut sind, z. B. in einem antiken oder frühbürgerlichen Stück, sind die Beziehungen zwischen den Agierenden bestimmt von den sozialgesellschaftlichen Verhältnissen, die sie widerspiegeln. Wenn man die neuen Beziehungen darstellen will, ist man gezwungen, dieses Beziehungsgefüge selbst zu sprengen, denn wenn man in das alte hineinschlüpft und nur Details umdreht, wird es in sich nicht stimmig. Als Du von der Gretchen-Tragödie sprachst, die für *Hinze und Kunze* eine Rolle spielt, betontest Du ja die Notwendigkeit, sich vom Vorgang zu lösen. Die Frage ist: inwieweit gibt die alte Folie noch etwas her für unsere Gesellschaftsverhältnisse, die nicht mehr von antagonistischen Widersprüchen bestimmt sind? Durch viele Motive kann man bildhaft hervorkehren, daß die alten Verhältnisse nicht unsere sind, und die historische Leistung der gegenwärtigen Gesellschaft als Ende aller Ausbeutungsverhältnisse anschaulich machen, aber man kommt immer nur bis zu einem bestimmten Punkt. Können die tradierten Motive mehr leisten als die neuen Beziehungen als die nicht-alten zu kennzeichnen? Hängen die Probleme und Schwierigkeiten, die Dir *Hinze und Kunze* machte, nicht auch damit zusammen?

B: Man muß auch die einzelnen Figuren in sich selbst sprengen, also daß Sisyphos den Stein wegwirft, die unnütze Last: der Prometheus kann für uns nicht ein abtrünniger Halbgott sein, der den Menschen etwas bringt, was sie sich zu ihrem Wesen machen, sondern im Prometheus selbst muß das menschliche Wesen entdeckt werden. Die Schwierigkeiten des *Hinze und Kunze* hingen damit zusammen, daß die Umkehrung zunächst nicht konsequent genug durchgeführt wurde. Es ist ja keine Umkehrung nur in dramaturgischer, sondern in gesellschaftlicher Hinsicht, sie bedarf der alten Handlungsmomente nicht, oder wenn, dann nur als Zitat, als heitere Erinnerung.

S: Von Deinen Notaten weiß ich, daß Du Dich nicht nur beim Stückeschreiben, sondern auch in der poetologischen Selbstverständigung mit Fragen einer neuen Dramaturgie herumschlägst. Worin siehst Du Bedingungen für diese neue Dramaturgie?

B: Uns geht es nicht mehr nur um menschliche Eigenschaften, um die Darstellung von Charakteren wie bei Molière oder von Leidenschaften wie bei Shakespeare, sondern um Unternehmungen, die die Lebensweise der Gesellschaft ganz ändern. Der Kampf der Leidenschaften interessiert uns nunmehr als Kampf gesellschaftlicher Tendenzen. Ich glaube, daß der Dramatik eine Größe zuwächst durch diese Art gesellschaftlicher Unternehmungen, z. B. der Umstülpung einer ganzen Landschaft, wo eine Produktionsart einer anderen Platz macht, oder der verschiedenen politischen Strategien der Revolution. Aber was immer gezeigt wird, es wird darum gehen, wie die Möglichkeiten der einzelnen letztlich die Möglichkeiten der Gesellschaft kennzeichnen. Die Dramatik muß das Individuum in seinen wirklichen Möglichkeiten zeigen, muß zeigen, wo es sich entwickelt oder wo und inwiefern es noch Objekt ist von Beschlüssen, denen es sich lediglich stellen kann; es geht also um das Verhältnis von freiem und erzwungenem Verhalten. Wir müssen Leute vorführen in ihrer gemeinsamen Anstrengung auf dem Feld ihrer begrenzten Möglichkeiten, ihre gesellschaftlichen Ziele so zu realisieren, daß die Bedingungen kommender Arbeit günstiger und menschlicher werden, das heißt, daß sie als Individuen reicher und kräftiger werden und zugleich die Gesellschaft ungezwungener und kollektiver wird.

S: Der Kampf gesellschaftlicher Tendenzen – wie wird er zum Bühnenvorgang, zum Theater?

B: Es geht nicht nur darum, bestimmte Haltungen auszustellen, sondern Vorgänge zu finden, die exemplarisch sind. Die ersten Jahre der Oktoberrevolution sind exemplarisch durch und durch. Aber wir können nicht wie in den glücklichen Zeiten der Elisabethaner auf eine Fülle von exemplarischen Geschichten zurückgreifen, die als Vorgeformtes daliegen und mit einigen guten Handgriffen zu ungeheurer Größe gebracht werden können. Mir ist es, als ob wir jeweils wieder vor einem Nichts stehen, wobei dieses «Nichts» die unverarbeitete Wirklichkeit ist. Es ist die Zeit des Findens neuer Fabeln, die *unsere* Widersprüche austragen. Mit jedem Stück muß neue Dramaturgie entwickelt werden. Große Vorgänge brauchen große Mittel. Ich sehe aber, unsere Dramatik, wie unsere Literatur überhaupt, hat es meist nur mit Symptomen der Widersprüche zu tun statt mit ihnen selbst. Das kommt, weil wir immer sehr feierlich an die Verhältnisse herantreten und eine Scheu haben, in die Tiefe zu gehn. Aber die Bewegung der wesentlichen Widersprüche ist das, was wir mit Entschiedenheit anfassen können, weil sie hinter all den alltäglichen Geschichten geschieht. Solange die Geschichten im bloß Ökonomischen bleiben und nicht klar wird, daß die Existenz der Revolution in jeder Phase an eine bestimmte Machtstruktur gebunden ist, die ihre Widersprüche in sich hat, die selber zu entwickeln ist, bleibt alles nur alltäglich und wird nicht historisch. Dann wird nicht das Stück revolutionärer Veränderung, nicht das Stück Umwälzung menschlicher Beziehungen, das Durchkämpfen zu neuer Produktivität deutlich, alles bleibt kleinlich. Es geht nicht an, die Gesellschaft nur als Milieu zu nehmen und nicht als menschlich sich bildende Landschaft.

S: In welchem Sinne setzt Du hier Landschaft als Gegensatz von Milieu? Landschaft als vom Menschen gemachte Natur?

B: Genau. Das Milieu gilt als etwas Vorgegebenes, das auch das Beschränkte, Unveränderliche, zugleich das Provinzielle eines bestimmten Standes oder einer bestimmten Tätigkeit in sich hat; mit Landschaft ist das Umfassende gemeint, zu dem sich bei uns die Gesellschaft hinentwickelt, sie schließt die Natur ein, vor allem unsre eigene Natur, die sich in ihr realisiert. – Das Theater muß diese Landschaft fassen. Welche Genugtuung, die kräftige Sinnlichkeit des Gutsbesitzers Puntila den bisher mageren Naturen der Arbeiter und Bauern einzuverleiben! Weg und dahin die ironisierte Notlage Brechts, der den Gestalten, denen er die Zukunft versprach, das totale Leben vorenthalten mußte und sich in Figuren, die »historisch absterben«, genußvoll und eigentlich auslebte. – Der Weg zu unserer Dramaturgie wird wahrscheinlich gewiesen dadurch, daß die Figuren eines Stückes alle in ähnlichen Widersprüchen stehen, weil ihre Stellung im gesellschaftlichen Prozeß nicht mehr antagonistisch ist. Die Widersprüchlichkeit der Figuren beruht darauf, daß sie sich ihrer Stellung in diesem Prozeß verschieden klar bewußt sind und daß sie je nach ihrer gesellschaftlichen Position, ihrem Mut und ihren Fähigkeiten verschiedenes Interesse haben, die Entwicklung zu fördern. Ich meine, daß das Interesse an der Entwicklung tatsächlich auch bei uns sozial und durch die Stellung innerhalb des Gesellschaftsgefüges bedingt ist, die Notwendigkeiten der Entwicklung sind unterschiedlich zu ihren Interessen geworden. Die Leute kollidieren, weil sie sich verschieden entschieden den Notwendigkeiten stellen. Aber wir wissen auch, daß von den verschiedenen Möglichkeiten einer Gesellschaft zu einer bestimmten Zeit sich nur die verwirklichen, für die sich die Gesellschaft mit Konsequenz entscheidet. Die Mittelmäßigkeit des bloßen Fortgangs realisiert zu wenig menschliche Möglichkeiten. Wir haben zuviel Verschleiß an Leuten und an Anstrengungen, und kaum einer, der bewußt lebt, hat nicht mitunter das Gefühl der Hilflosigkeit, nicht entschieden genug handeln zu können, mag es auch nur deshalb sein, weil wir nicht genug in die Entwicklung hineinsehen, sehen, daß wir selbst ändern mit der heutigen Arbeit. Aber das Bewußtsein, daß jeder selbst Anteil an dem eingespielten Gang hat, ist zugleich der Stachel in uns – daß wir die Knoten, in denen wir uns verstricken, immer wieder durchhaun. Das ist auch für die Verhaltensweise von Bühnenfiguren bedeutend: immer weniger hat der einzelne das Recht, sich auf die Verhältnisse herauszureden, die werden für alle gleich, und immer mehr wird es an ihm liegen, was er mit sich macht. Da es aber nun so ist, daß die Fähigkeiten und der Mut der Leute verschieden sind, aber immer mehr von ihnen selbst abhängt, wird das die Zeit, von der Marx sagt, daß die wirklichen Freuden und die wirklichen Leiden erst beginnen.

1972

Nach dem Treffen der Dichter gegen den Krieg

Was bleibt, frage ich mich, von euern Worten
Keiner sonst hält sie, und das Gedächtnis
Ist sterblich, und das Papier bricht
Einer redet dem andern zu, beide werden begraben
Vom gelben Blatt eh es verfallen ist
Schreibt sich das blanke her, zahllose Neudrucke
Behaupten jeden Satz neu, hohe Auflagen
Retten den Satz des Sokrates, durch den er berühmt ist.

Aber das fragt ihr euch nicht, ist das nicht viel
Was die geduldige Luft trägt, aber ihr redet
Und ruft, wen alles, und an berufener Stätte
Wo jeder Rinnstein großherzoglich-weimarsch riecht:
    hier
Sprachen schon andere, sag ich, und die
Hatten den Hexameter auch nicht erfunden:
Ist es der Mai, aber ihr fragt nicht, oder weil ihr
    von weither
Gekommen seid aus unsern finsteren Zeiten
Und aus den fünfzig Landschaften des Kriegs, hier
Sprecht jetzt ihr, wer zählt die Worte, die kleinen
Gewichte, die die Seele auslasten: was
Bleibt, frage ich mich, von euern Worten

Oder von dieses Baums Blüten, aus dem Park
Aus dem Mai, jede Wiese
Geht aus sich, nicht weil hier Goethe ging
Jeder Busch bauscht sich über dem Sommer auf, der
    Wind
Orgelt in tausend Zeugungsorganen, das wirbelt
Staub auf aus allen Gefäßen – wozu
Der Aufwand an Absenkern, warum nicht, Linde,
    gelinder?
So große Verschwendung: was schwände
Nicht ohne sie? Ohne Überfluß: wo
Flösse der Fluß noch? Nur was so aufsteht

Setzt sich durch. Nach dem maßlosen Mai, mäßig
Erhält die Natur sich und

Die Menschheit auch. So bäumt ihr euch auf
Und zeigt Blätter. Zahllose, mit euern Worten
Randvoll: was bleibt, aber so
Bleiben wir leben. Mit großem Aufwand
Dies Mindeste. Da ist so viel zuviel, doch weniger
Wäre zuwenig. Denn noch sind wir, redend zwar
Natur. Und wieviel Kraft ist vertan
In unserm Dickicht. Die Gesetze
Die allen den Plan geben und die Tropfen dem Eimer
Sind kaum erkannt und
Fast unbekannt. So fehlt dem Leben die Kunst.

1965

Über die Bauweise neuer Stücke
(Vortrag in Klagenfurt)

Ich weiß nicht, ob es ratsam ist, mit dem anmaßenden Thema ernstzumachen, unter dem, durch meine Fahrlässigkeit, mein Beitrag angekündigt wurde. Denn anmaßend ist es in zweifacher Weise: wie konnte ich erwarten, daß Sie, die Sie in alten Gesellschaften leben, die Bauweise neuer Stücke kümmert, wenn ich unter neue sozialistische verstehe, und wie konnte ich die Erwartung wecken, daß ich Ihnen Ausreichendes darüber mitteilen werde.

Dennoch, was immer ich Ihnen sagen kann, es muß auf Neues hinauslaufen. Selbst eine so drittrangige Frage wie die, ob auf dem heutigen Theater Prosa oder Verse gesprochen werden sollten, führt in unsern neuen Verhältnissen zu einer neuen Antwort. Übrigens erweisen sich solche Fragen als alles andere als eine Formalität, wenn wir das Theater von seinem noch immer grassierenden Gebrauch als gesellschaftliche Formalität befreien wollen.

Überhaupt ist mit einem nüchternen Blick auf unsere Revolution zu sehn, wie wenig die gesellschaftlichen Formen Formen ihres Inhalts sind; aber das Verwundern sollte in ein Erschrecken übergehn, wie wenig sie zu ihrem eignen Inhalt gefunden haben.

Ich würde das Theater nur als Hausnummer nennen, aber schließlich ist es kein beliebiges Haus. Das Leben vor seiner Tür spielt sich, auch das mögliche, in ihm ab, auf eine kräftige, verkürzte, erfundene Weise, die mehr deutlich macht – oder viel unterschlägt. Darum ist das Haus wohl oder übel ein Modell für das größere, unübersichtlichere, die Gesellschaft, die wir einrichten.

Dieses Haus also, sagen wir das Deutsche Theater in der Schumannstraße in Berlin, war 1945 ausgebrannt, und ich meine das auch im übertragenen Sinne. Heute, 1973, sind wir dabei, nach Hinweisen des Instituts für Denkmalspflege die alte reinhardtsche Fassade in originalen Pastelltönen wiederherzustellen, und das klingt nur vermeintlich ironisch. Aber gehn wir in die Sache hinein. Schönemann probiert *Die Geschichte Gottfriedens von Berlichingen mit der eisernen Hand*, die wir, zeitlich, dem *Don Carlos* vorgezogen haben – und nicht weil es sich, wie in den Kantinen erzählt wird, am Deutschen Theater leichter »Leck mich am Arsch« sagen ließe als »Geben Sie Gedankenfreiheit«. Die Regisseure begeben sich also, wie gewohnt, in die rohen Gewölbe der offenen Form des einen und zwischen die antiseptischen Wände der geschlossenen Form des anderen Stücks, zweier überaus verschiedener Bauweisen, die sich, seit mit Menander der »mehr offenen Dramaturgie des Mimus und der altattischen Komödie ... der geschlossene Mikrokosmos der modernen Bühne gegenübertritt«[1], beinahe in allen Epochen des Theaters gewandelt reproduzierten, am krassesten polarisiert aber bei den zugespitzten Deutschen. In den Gewölben sehn wir die scheiternden Selbsthelfer unaufhörliche Zurüstungen zu ihrer Abschlachtung betreiben oder geduckte Kreaturen sich an den Fingern zählen, in den antiseptischen Wänden, aber einige Meter über dem Boden, schwimmen aufgedunsene Hofbeamte, mit einer fiebrigen Röte im Gesicht, und deklamieren pausenlos die bürgerliche Freiheit. Die alle lieben wir sehr, aber gehen uns wenig an. Was sich da allein selber helfen will in dem kleinsten Dreck wie Götz oder wenigstens seine eigene Notlage buchstabiert wie Woyzeck, spricht die harte, gestaute Prosa des Arbeitstages; und was da ausbricht aus der Misere und ein besseres Land mit der Seele sucht, Carlos oder Tasso, spricht den glatten Vers zum Sonntag. Vor den einen wie den anderen sitzen wir gelähmt und starren auf ihre trockenen oder gesalbten Worte. Wir, die Zuschauer, schaun gebannt zu, aber verstehen sie nicht recht.

Das verstehen wir freilich. Die Ausprägung so polarisierter Dramaturgien war die Folge (die Abbildung) der polarisierten Weltsichten der Stückeschreiber in einer polarisierten Gesellschaft. Die offene Form enthielt das Suchen, das Unfertige erstmal der Figuren: und enthielt es in jeder Hinsicht, in der Fabel, den Situationen, den Sätzen. Sie war sozial durch und durch, wenn auch auf hilflose Weise. Die geschlossene Form aber war abgeschlossen in jeder Hinsicht, wenn sie szenisch und sprachlich vollkommen war: das Bild einer heilen Welt, einer gewollten Ordnung, die nicht aus sich weiter drängte

[1] Robert Weimann, *Shakespeare und die Tradition des Volkstheaters.* Berlin 1967.

außer in die Illusion. Sie war sehr hilfreich, aber auf asoziale Weise. Was die eine Form hatte, fehlte der andern: sie fehlten sich selbst, wie die Gesellschaft sich selbst.

Wenn in dem berühmten Haus in der Schumannstraße, in dem all das getreulich zu sehn ist, Brecht gespielt werden dürfte, also wenn das Berliner Ensemble sein erdrückendes Monopol los wäre, könnte nach der Probe zu *Gottfried* die Bühne umgeräumt werden für, beispielsweise, *Die Mutter*, die aber im Berliner Ensemble zu sehn war. Da würden wir – es könnte aber auch der *Kreidekreis* sein – vor uns in den, sagen wir, Zellen des epischen Theaters dünne, aber unerhört knochige Gestalten sehn, die mit schweren Eisenhämmern den eigentümlichen Vorfahren, die nicht vom Eigentum zu reden vorbereitet waren, die Fressen einschlagen. Diese knochigen Gestalten – oder es könnte in den *Schlachthöfen* spielen – lieben wir nicht so, aber sie gehen uns an. Immerhin sind es die ersten, die für uns verständlich sprechen. Leute, die ihre Lage halbwegs erkannt haben. Die Wlassowa und die Johanna. Und das, obwohl sie rohe Prosa und schöne Verse sprechen, beides, oder *weil* sie beides sprechen? Sie machen sich nicht lange etwas vor, und uns auch nicht (vor allem uns nicht). Und wollen doch das eine und das andere auch: sich selbst aus ihren Notlagen helfen – und eine »heile« Welt sehn. Aber das eine *und* das andere. Aber die gehen uns an, und sind schon vergangen.

Wer es sich zumutet, kann sich stattdessen in diesem Haus *Die Kipper* ansehn, inszeniert von Erforth und Stillmark, worin leibhaftige Zeitgenossen frei reden dürfen darüber, wie sie sich *mit* der Gesellschaft helfen können aus ihren Lagen. Das sind Figuren, die, ohne sich (in diesem Punkt) wesentlich zu irren, sich als Gesellschaft zu begreifen beginnen. Die gehn uns erst recht an, aber sie werden mit einem beamtenhaften Mißtrauen verfolgt, weil sie das anarchische wie das hochfahrende Benehmen noch nicht verlernt haben. Ja, ohne dem Autor zu nahe zu treten, der Kipper Bauch erscheint mir wie eine Kreuzung aus dem Räuber Moor und dem Marquis Posa – einer Kreuzung, wie wir sie tatsächlich an mancher Straßenkreuzung der Großbaustellen antrafen in einer Gesellschaft, die viel auf ihre Fahnen geschrieben hat, aber streckenweise durch Sand mußte. An diesem wüsten Stück und an einigen bedeutenden, die herumliegen oder im Entstehen sind, fällt auf, daß sie sich weder der offenen noch der geschlossenen Form ohne weiteres zuordnen lassen, daß sie zwischen beiden eigenartig vermitteln, daß alles in ihnen auf sich selbst zurückdeutet und *zugleich* über sich selbst hinausweist. Das kommt unbedingt von Brecht her, der die offene Form auffing in festen Strukturen, z. B. der Parabel oder der Chronik. Und es kommt unbedingt aus unserer neuen Rezeption des Shakespeare her, dessen Mittel in ungeheurer Weise gemischt sind, wie der Vers mit der Prosa, und aus allen Kontrasten ihre gehaltliche Spannweite beziehn.

Shakespeare und ein Anfang: der *Richard III.*, um in unserem Haus zu bleiben, inszeniert von Wekwerth. Da ist zu sehn, wie die Elisabethaner überkommene Mittel für den neuen Zweck theatralischer Darstellung benutzten. Der neue Zweck ist immer der Realismus. (Er ist übrigens die Richtung des Theaters von Anbeginn. Der Umschlag von der kultischen Selbstverkörperung zur *Darstellung* bedeutete den Umschlag vom Mythos zur Realistik.) Indem die Elisabethaner die traditionellen Mittel des Volkstheaters zu darstellerischer Wirkung umfunktionierten, wurden das realistische Mittel. Die Nonsens-Rede, dramatisch integriert, wurde zum Tiefsinn. Aus dem mittelalterlichen Laster, dem Vice, wurde die moderne Leidenschaft, als das besondere Image eines Herzogs von Gloucester und nachmaligen Königs von England. Der deutsche Anglist Weimann hat das gründlich aufgeklärt, und Wekwerth hat es im Deutschen Theater gründlich ausgenützt, und wir können besichtigen, wie das Neue beim Shakespeare gleichsam über eine ästhetische Brücke mit Altem verbunden ist, die alte Konvention mit einem neuen Realismus.

Und solange das Theater Darstellung bleibt – und das wird es bleiben, auch wenn es seinen Vorspiel-Charakter aufgibt und wirkliches Spiel wird, ein Spiel mit der Wirklichkeit, nicht mit einer Fiktion – so lange, d. h. immer, wird das Maß an Realismus eines Stückes Auskunft geben über die Güte und den Glanz seiner Mittel. Wir dürfen das Auffangen des Offnen der Realität nicht so weit treiben, es, z. B., in den brechtschen Strukturen festzuschließen. Das amüsierte Aufgreifen von Zügen alter Fabeln und Figuren führt allzu leicht zu Einbußen an Realismus, da die Wirklichkeit in ein Schema geduckt wird. Von den Söhnen der *Frau Flinz* hätte eben wenigstens einer die Republik verlassen müssen; wir stellen zwar die Welt der *Mutter Courage* vom Kopf auf die Füße, aber nicht ohne daß sie noch wackelt.

Nämlich nicht die Mittel bestimmen, wie sie zwischen sich vermitteln. Die, zwar nicht »abzubildende«, aber doch darzu- stellende Wirklichkeit ist es, indem sie zwischen ihren gegen- sätzlichen Formen vermittelt. Zwischen den Eigentumsfor- men, den Klassenbewußtseinsformen usw. Mehr oder weniger rasch, aber zumindest in *einer* Hinsicht jetzt in radikaler Weise: hinsichtlich des Antagonismus der Klassen. Sie enthält die vielfältigen Gegensätze noch, die sie aufhebt, es ist ein Prozeß. Das Offene kämpft mit dem Geschlossenen an allen Fronten, der Sozialismus ist gerade die bewegliche Einheit dieser Widersprüche. Je bewußter die Individuen, Donat oder Tinka, desto entschiedener werden sie diese produktive Span- nung äußern, in der sich unsere Revolution befindet: der Spannung zwischen der längst nicht mehr »unbestimmten Ungheuerlichkeit« ihres Zwecks (von der Marx sprach[2]) und ihrem wirklichen, nicht mehr zu unterbrechenden Lauf. Die Spannung, nicht die Spaltung.

Die Sprache der Figuren kann das nicht kaschieren, für sich überwinden: sie muß das ausdrücken. Vielleicht müssen wir der sich aufdrängenden disparaten Sprechweise nachgeben, Umgangssprache und ihre Überhöhung mischen (oder sogar Prosa und Vers). Vielleicht würde das Umgehn dieser gestalte- rischen Widersprüche, formaler Zwecke wegen, nur ein Glät- ten des Inhalts sein? Ein Zudecken des Inhalts? (Der Vers selber, falls ihn einer verwendet, verliert ja seine Glätte, die unsere Sätze nicht transportieren kann, er wird unregelmäßig, wie er gestisch wird. Selbst er noch ist lebendig durch einen Widerspruch: zwischen dem durchscheinenden Metrum des Blankverses und der Abweichung von ihm. Er noch, wie die Sprechweise, wie die Mittel insgesamt, enthält die Gegensätze und ist ihre Einheit.)

Aber damit die Figuren sich so äußern können, ist etwas Neuartiges im Aufbau der Handlung und der Figuren erfor- dert: eine Vieldimensionalität. (Wir beobachten allerdings,

2 *Der achtzehnte Brumaire des Louis Bonaparte.* A.a.O.

obwohl nicht mehr in dem beschriebenen Haus, eine geradezu antikische Eindimensionalität, der es aber an der antiken Größe mangelt. Es ist die Eindimensionalität des privaten Alltags.) Die Vieldimensionalität, wo sie schon gelingt, ist ein Schritt über die zweite Dimension der Dramatik der Klassenkämpfe hinaus. Die zweite Dimension beschreibt Weimann als, bei Shakespeare, »nicht eigentlich ... eine zweite Spielebene, sondern eher ... einen zweiten *Prozeß*, der in das zeitliche, psychologische und dramatische Gefüge des Handlungsablaufs eingestaffelt wird«. Aber die zweite Dimension bezog sich »stets auf das Hauptgeschehen des Stückes, indem sie dieses ergänzt, bereichert, relativiert oder verkehrt«[3]. Dieser »Fallstaffsche Hintergrund«[4] ist die Komplementärperspektive, die das Unvereinbarliche der Klassengesellschaft blitzartig aufhellt: Schein und Sein, Denken und Tun, gesellschaftliches Wollen und Können. Die Zweidimensionalität blieb der Darstellung einer Gesellschaft angepaßt, die alles, was sie zur Lösung ihrer Widersprüche unternimmt, nur um so unvermeidlicher ihrem Untergang zutreibt.

Die Vieldimensionalität, in den besten Stücken Shakespeares schon vorbereitet, in der sowjetischen Revolutionsdramatik, z. B. der *Optimistischen Tragödie*, in großer Weise versucht, wird Stücken eigen, die als vielschichtiger Gesamtprozeß zu sehn sind, der von der Szenenfolge assoziiert wird, Stücken, in denen sich die Vorgänge nicht einfach doppeln oder pluralisieren, sondern ihr totaler Zusammenhang transparent wird. Dabei können enggenähte Kausalbezüge der Figurengeschichten verschwinden (also die Wandlungen der »Helden« nicht einfach den Handlungen der »Gegenspieler« geschuldet sein), und die Fabel mag sich nicht penibel in den Schnittwunden eines gleichsam herauspräparierten Einzelkonflikts bewegen. Aber die Komplexität der Handlung und der Figurengeschichten selbst produziert eine möglicherweise universale Sicht. Das wäre die Sicht auf die neuartige Widersprüchlichkeit einer Gesellschaft, in der zwar keine Klassen und Gruppen mehr die Veränderung scheuen – aber sie in unterschiedlicher Weise nicht scheuen. Einer Gesellschaft, die an Wider-

3 A.a.O.
4 Friedrich Engels, Brief an Ferdinand Lassalle vom 18. Mai 1859. A.a.O., Band 29.

sprüchen interessiert ist. In diesen Stücken werden Geschichten der *Gesellschaft* erzählt. Es geht gar nicht mehr nur um die Wandlung' von Figuren, es geht um das Entstehen und das Lösen gesellschaftlicher Widersprüche: eben um die Veränderung der Gesellschaft. Die Fabeln sind »poetische Versionen«⁵ dieser Widersprüche. Das löst die Figuren aus ihrer ungeschichtlichen Borniertheit, sie stehn auf der rauhen Strecke zwischen Schutt und Zukunft und lassen es sich merken. Sie bleiben immer weniger Objekte der Geschichte, sie werden immer mehr ihr Subjekt, indem sie unaufhörlich die Frage nach ihrer Macht stellen: das ist im Sozialismus die Frage nach der Verfügungsgewalt, nach der Möglichkeit jedes einzelnen, seine Produktivität zu entwickeln und einzubringen.

Das nur kann der Inhalt dieser Form sein.

Diese Figuren mögen Ihnen, die Sie mit anderen Gesellschaften zu tun haben, hergeholt erscheinen. Unsere Sorge aber ist es, sie in der Wirklichkeit herzuholen und nicht in der, wie heißt es noch, Kunst. Sie können nicht auf der Bühne leben, wenn nicht auch im Parterre. Was sich da Kunst nennt, kann nur die Form der Wirklichkeit werden wollen, wenn sie was will; von diesem Anspruch und Widerspruch lebt sie.

So offen und so geschlossen sind die Möglichkeiten des Theaters.

Die Revolution, sagte Marx, muß die Toten ihre Toten begraben lassen, um bei ihrem eignen Inhalt anzukommen. Da wird das Haus, das wir ansahn, kein Totenhaus werden. Und es wird wirklich für die Gesellschaft stehen: ich meine nicht nur als Hausnummer, sondern als Haus, in dem die Möglichkeiten der Gesellschaft durchgespielt werden, damit die günstigsten wahrscheinlicher werden. Damit sie zu ihrem eignen Inhalt werden.

Von dessen Mangel ich mit Erschrecken ausgegangen war.

1973

---

⁵ Helmut Baierl, *Über das Auffinden einer Fabel.* Werkstattgespräch. In: *Theater der Zeit* 5/1965.

Literatur und Geschichtsbewußtsein
(Thesen für eine Arbeitsgruppe auf dem VII. Schriftstellerkongreß der DDR)

1

Wir leben in anderen Zeiten. »Seltsame Grille des Volkes!«
rief Heine im *Morgenblatt für gebildete Stände*, »Es verlangt
seine Geschichte aus der Hand des Dichters und nicht aus der
Hand des Historikers.«[1] Dieses Volk ist lange gestorben. Der
Blankoscheck für die Literatur ist zerrissen. Betrachten wir
nicht noch unsere neuesten Werke mit ebendem Mißtrauen,
mit dem wir in die Geschichtsbücher schaun? Und doch bleibt
es wahr, daß nur die Dichter die Tatsachen »aufgelöst in die
ursprüngliche Poesie, woraus sie hervorgegangen«, zeigen
können. Aber sind das die Tatsachen? fragt jetzt das Volk.

2

Sind es die Tatsachen seines Lebens? Eine neue Klasse, über-
wältigend groß, hat die Macht erkämpft und ist gezwungen zu
handeln. Sie begreift sich als Erbin jahrhundertealter Mühen
und Hoffnungen. Sie hat überwältigende Erfahrungen gemacht, und die wichtigste ist, daß diese Erfahrungen nicht
reichen. Was Wunder, wenn ihr riesiger Organismus, über
und über mit Wunden bedeckt, all seine Lebensregungen zu
erkunden sucht, um sie zu beherrschen, all seine Glieder
bewegen will und mit allen Organen denken? Sie hat, das wird
ihr seit 1848 gesagt, eine Welt zu gewinnen – wie sollte sie
nicht nach ihr greifen? Sie hat zu urteilen begonnen, was ihr
dazu nützt und was sie aufhält. Ihre Irrtümer sind gewaltig,
aber können nie von Dauer sein. An den ungeheuren Aufgaben – waren sie nicht ungeheuer? – in der Industrie, auf dem
Land, im Apparat des Staats zerfallen alle Hilfskonstruktionen
einer wohlmeinenden Literatur, die mal aus der »Brigade-
sicht«, mal aus der »Sicht des Planers und Leiters«, oder

1 *Reise von München nach Genua*, Kapitel VII. A.a.O., Band 3.

beschönigend oder entrückt ihre Helden abrichtet, und wächst eine kämpferische Literatur, die uns auf ihre Weise die Welt ausliefert.

3

Als Brecht und der späte Stanislawski auf der Bühne den gesellschaftlichen Kausalnexus modellierten, damit der entfremdete Mensch sich als Resultat von Klassenkämpfen begriff und sich in den Kämpfen verhalten konnte, war das eine nützliche und schöne Vereinfachung. Jetzt, da wir die Kämpfe begreifen und in den Griff bekommen, kümmert uns der Mensch noch immer als Produkt der sozialen Umstände, aber stärker denn je als der, der diese Umstände produziert. Wir haben die Arbeiterklasse nicht mehr als verelendete, sondern als reiche, nämlich über die Natur, auch ihre eigne, herrschende, zu zeigen, und die Arbeit als zunehmend universales Schaffen von Reichtum: als das Schaffen von Universalität. Während wir noch fürchten, sagt Wekwerth, »der konkrete Mensch könne im Schatten gigantischer Abstraktion, wie sie sich in der Industrie darstellt, abhanden kommen«[2], geschieht gerade in der Abstraktion der Tätigkeiten widerspruchsvoll die Bildung neuer Persönlichkeiten, für die die alten Gegensätze haben und nichthaben, mächtig und ohnmächtig, genießen und erleiden keine Gegensätze bleiben. Aber ihre Arbeiten bleiben Kämpfe. Die sind international. Ihre Geschichte bleibt der Kampf sozialer und politischer Tendenzen. Dieses Bewußtsein braucht unsere Literatur.

4

Und doch, ich frage mich, krankt das Bewußtsein unserer Literatur nicht manchmal an einer Abstraktion? Ist es nicht von einem Naturell, das sich schnell wieder bei sich selbst beruhigt, nachdem es die neuen Tatsachen einmal zur Kenntnis genommen hat? Markiert es sich dann nicht vornehmlich

2 *Theater und Wissenschaft*. Arbeitshefte 3. Deutsche Akademie der Künste zu Berlin, 1971.

durch die Feiertage des Klassenkampfs statt durch dessen
produktive Widersprüche? Manche Niederlagen, die das Volk
verwundet haben, die es bis heute schmerzen, sind verdrängt,
und die heutigen Kämpfe stehn nicht voll zur Debatte. Wo der
Prozeß verwischt ist, ist ein klares Urteil nicht möglich. Laßt
in den Lebensläufen eurer Helden die Grundwidersprüche
verschwinden, und übrig bleibt Rabitz: Wände, die nicht
tragen, die Geschichten fallen zusammen.

5

Woher aber diese heilige Scheu? Was gehen uns die Traumata
anderer Zeiten an? Und können wir die heutige nicht als
andere sehn? Vor lauter Geschichte, die wir machen, brauchen
wir nicht vergessen, daß es welche wird. Worüber wir noch
erschrecken, das legen die Kommenden, die uns schon bis an
die Schulter reichen, gelassen zu den Akten, wenn sie uns
eines Tages über die Schulter sehn.

6

Geschichtsbewußtsein ist Selbstbewußtsein. Die Wirklichkeit,
mit der wir umgehn, ist die arbeitende Geschichte, und was
wir landläufig Geschichte nennen, ist »Gegenstand einer Kon-
struktion«, die von »Jetztzeit« geladen ist[3]. Aber die weltge-
schichtlichen Rückerinnerungen der bürgerlichen französi-
schen Revolutionäre, die sich als wiedergekehrte Römer verstanden, diese bloße Identifikation mit den Toten, waren »die
Selbsttäuschungen, derer sie bedurften, um den bürgerlich
beschränkten Inhalt ihrer Kämpfe sich selbst zu verbergen
und ihre Leidenschaft auf der Höhe der großen geschichtlichen Tragödie zu halten«[4]. Erst das historische Selbstverständ-
nis der Bolschewiki streifte »allen Aberglauben an die Vergangenheit« ab. Wenn in ihren Diskussionen die Revolution von
1789-1814 brennend gegenwärtig war und es geschah, daß sie

3 Walter Benjamin, *Geschichtsphilosophische Thesen*, 14. In: *Schriften*, Band 2.
Frankfurt am Main 1955.
4 Karl Marx, *Der achtzehnte Brumaire des Louis Bonaparte*. A.a.O.

voreinander den Namen Robespierre beanspruchten und den Namen Danton zurückwiesen, so waren sie sich doch zugleich ihrer atemberaubend neuen Rolle, des epochalen Unterschieds ihrer Unternehmung bewußt. In ihrer Revolution, wir erleben es, »geht der Inhalt über die Phrase hinaus«. Diesen dialektischen Sprung der Geschichte konnte nur die sozialistische Literatur mitvollziehn. Sie konnte es, weil sie die *wirklichen* Zusammenhänge erfaßt, die Kraftlinien zwischen heute und einst. Weil sie so das Bewußtsein der Möglichkeiten geschichtlichen Handelns gibt (und es ist gleich, ob sie sich historischen oder gegenwärtigen Stoff nimmt; der Begriff Gegenwartsliteratur ist eine Tautologie).

7

Dabei können sich die Dichter und die Historiker nicht aufeinander herausreden und die einen den andern die Arbeit überlassen. Sie würden sich völlig zugrunderichten. Sie würden schon der ersten Tatsache nicht gerecht, die ihre selbstbewußten Leser auf allen Kontinenten sind. Sie können deren Vertrauen nur gewinnen, wenn die Literatur das Leben der Leute als Geschichtsprozeß zeigt und die Historiker den Geschichtsprozeß zeigen als das Leben der Leute. Sie sind zwei Organe der großen gesellschaftlichen und internationalen Selbstverständigung – und zugleich und allerdings auf sie angewiesen.

8

Aber um es noch einmal und unumwunden zu sagen: ich frage mich, obwohl ich die Leistung unserer Literatur erkenne, ich frage mich, was wir leisten, wie genau wir die Kämpfe übermitteln, wie ehrlich, ich frage mich, wie beteiligt. Ich fühle mitunter, mag das nun eine Krankheit sein oder eine Gesundheit, einen unleugbaren Unmut in mir, den ich ruhig fragen lasse, und der fragt: ist nicht in unsern Prosawerken, die wir bedeutend nennen, die historische Konkretheit der besten Werke der antifaschistischen Literatur in dem neuen und wie zufälligen Material oft verschüttgegangen, das beinahe verschämt, anekdotisch, zitiert wird? Beweisen sich da die Geschichten oder die frisierenden Sichten der Autoren, die einige Dinge, von denen sie eigentlich reden, zurückhalten mit verbissenen Zähnen oder artigem Grinsen? Und hat das seinen guten Grund, wo die Dinge nicht selber benannt werden können? Ist aber nicht die Folge – ihr seht, ich frage mich ausdauernd, was kann ich gegen mich –, daß die stellvertretenden Emotionen die ganze Wirklichkeit wie ein Gespinst überziehn und alles versponnen scheint oder die Geschichten in einem literarischen Aspik serviert werden, der ihre harten Konturen im besten Fall ahnen läßt? Ist das so, Mann? Was soll ich sagen. Ich frage euch. Gibt es Reserven an Realismus? Brecht notierte vor Jahrzehnten grimmig: »Aber die Schriftsteller machen für gewöhnlich gar keine Vorschläge, sondern sie drücken Stimmungen aus.«[5] Treten nicht einige wichtige Leute in dieser gebückten Haltung, oder ich frage *mich*, von der Front der Wirklichkeit zurück in ein Hinterland, wo sie sich unter Wert verkaufen? Oder die Jüngeren: tauchen sie als Persönlichkeiten, in voller Körperlänge, auf, kommen sie vor, zwischen ihren Papieren? Schlesinger sagt mit Recht am Ende seiner belangreichen Erzählung, in der der Sohn nach dem Treiben des Vaters fragt, daß nun nach dem Sohn, der da fragte, zu fragen sei. Die vielen Söhne, samt ihren Schwestern: sind sie, so sicher sie sich in ihren Sätzen bewegen, schon *bei sich selbst* angekommen? Jetzt frage ich nichts mehr.

9

Das Geschichtsbewußtsein unserer Literatur ist aber nicht nur ihr Bewußtsein vom Weg der Völker, es ist auch das Bewußtsein vom Weg der Literatur. In der spätbürgerlichen Kunst wird der Gedächtnisschwund total: Geschichte wie Erbe sind ihr Schrotthaufen, Literatur wird nach den Vorschriften der Warenästhetik fabriziert, die jeweils neuesten Exponate, die aus der Asche aufsteigen, werden von der Meinungsbildungs-

  5 *Über die Unfreiheit der Schriftsteller in der Sowjetunion. Die Parole »Gegen alle Diktaturen«.* A.a.O., Band 19.

industrie postwendend verheizt. Dazu sind sie gemacht. Da sie nur sich selbst sehn, müssen sie sehn wo sie bleiben.

10

Sehr anders der Umgang der sozialistischen Kunst mit ihrem Material, sie ist der Geschichte und dem Erbe verpflichtet: aber ich höre da zwei Tendenzen in einer theorievernebelten Feldschlacht kämpfen. Ich sage Tendenzen und sage nicht Leute, denn die Frontlinie kann durch die Brust eines jeden von uns laufen. Reißen wir das, was da in jedem kämpft, einmal auseinander, als wären es zwei Truppen unserer Literatur, und wir können die Tendenzen genauer auskundschaften. Die Schlacht währt schon längere Zeit, doch erst in der *Sinn-und-Form*-Debatte über Dingos, verlorene Flöße und Flaschen wurden die ersten Kriegsberichte publiziert[6]. Daß die Sache so wenig bekannt wurde, liegt daran, daß die beiden Seiten ihrer Parteinahme oft gar nicht gewahr werden, friedlich miteinander in Versammlungen sitzen, ihre Beiträge im selben Verband zahlen und sich in den Analysen freundlich auf die Schulter klopfen. Die eine aber – die unkontrollierten Leuchtraketen erhellen das Getümmel jetzt –

11

Die eine, wenn ich sie nicht verkenne, restauriert die Sichtweisen des 19. und 18. Jahrhunderts, sie glaubt, sie könne die Klassik erreichen, indem sie sich auf sie zurückzieht, sie sucht unsern Fortschritt in der Hinterlassenschaft, die Aufgaben der Literatur interpretiert sie bruchlos aus weimarer Verhältnis-

6 Vgl. Werner Mittenzwei, *Brecht und die Probleme der deutschen Klassik.* In: *Sinn und Form* 1/1973;
Wolfgang Harich, *Der entlaufene Dingo, das vergessene Floß.* Ebendort;
Friedrich Dieckmann, *Lesart zu »Macbeth«.* A.a.O., 3/1973;
Helmut Holtzhauer, *Ohne Glacéhandschuhe.* Ebendort;
Hans-Heinrich Reuter, *Die deutsche Klassik und das Problem Brecht.* A.a.O., 4/1973;
Jürgen Holtz, *Der Dingo und die Flasche.* Ebendort;
Hans-Dietrich Dahnke, *Sozialismus und deutsche Klassik.* A.a.O., 5/1973.

sen, ein bürgerlicher Humanismus mit sozialistischem Rostanstrich, das Biedermeier ist immer noch der kühnste Vorgriff auf die Zukunft, da wurden noch Sätze gemacht! Dieses ästhetische Räkeln auf den verlassenen, auf den Sterbebetten der Altväter ist eine gesellschaftliche Haltung, es ist die Haltung von Leuten, die die Arbeiten der Gesellschaft für erledigt erachten – mal abgesehn von den Mängeln, mit denen sich ihr proudhonistischer Reinheitskomplex herumschlägt. Ich unterstelle da beileibe nichts, die Bewußtesten unter ihnen erklären sich selber als Bürger einer postrevolutionären Gesellschaft. Aus der beschriebnen bequemen Haltung schreibt sich ihr ästhetisches Programm her – einem großen Fußvolk unbewußt, weil sich erst, wo die ideelle und künstlerische Auseinandersetzung in gehöriger Höhe statthat, die Klaue des Problems zeigt. Das Problem ist, daß die wirklichen Verhältnisse verschwänden in einer perfekten klassizistischen Dramaturgie, in der klassizistischen Figurensicht der Blick verstellt wäre auf den heutigen Anlaß von Literatur.

12

Die andere nun – soweit ich sie aus ihren Gräben hören kann – hat eine andre Meinung von Kontinuität; sie will das Material, Geschichte und Erbe, bewahren durch den Akt seiner Aufhebung. Das eben, und nicht ein mechanisches Reflektieren, passiere überhaupt bei Kunst, die ernst zu nehmen sei. Diese Truppe ist da aus auf eine ganz alte Sache: Realismus, er sei nur nicht herstellbar auf alte Weise, so schön die Weisen auch geklungen hätten. Wenn man sich den neuen Gegenständen stelle, müsse man alte Verabredungen brechen: sonst würde man doch nur wieder die alten Sachen sagen über alte Sachen. Die neue Wirklichkeit hier lasse sich nur darstellen, wenn man sie als revolutionären Prozeß sehe, wie verdeckt und geduckt er immer geschehen mag. Diese Haltung, die den Widerspruch und die Dialektik behauptet, ist unbequem. Sie hat erst recht ihr Problem, und es zeigt *überall* seine Klaue. Die Ergebnisse nämlich sind nicht sicher, nicht absehbar. Es bleibt alles Experiment. Die neuen Mittel von fünfzig Jahren, immer wieder unfertig weggelegt, bleiben nicht die neuen. Eine sozialistische Schreibweise ist eröffnet, aber schon kämpft sie mit selbst *ihr* unbekannten Gestalten. Die haben Geschichten, für die ist keine Technik parat. Die verlangen, als die neuen Helden, eine neue Art Fabel und Dramaturgie, in der die Trennungen von Abbilden und Eingreifen, Spiel und Nützlichkeit, Emotionalem und Logischem, Bild und Zeichen usw. usw. aufgehoben sind. Sie verlangen der Kunst das fröhliche Bewußtsein ab, verabredeter Vorgang zwischen uns zu sein, bei dem Sachverhalt in Verhalten umschlägt, Wissen in Naivität, Dialektik in Vergnügen. Geschichtsbewußtsein zeigt sich erst in der ganzen Struktur des Werks.

13

Die Schlacht zwischen beiden Tendenzen ist im Gange; sie ist erbittert, aber friedlich. Sie ist heute der Alltag unserer Literatur. Vergessen wir dabei nicht, daß es um eine gemeinsame Sache geht, die Interessen derer, für die wir schreiben, nicht um den Beifall bürgerlicher Rezensenten und sahnefressender Damen bei Kranzler. Vergessen wir über unserm Getümmel nicht die andere Schlacht, in der wir gemeinsam liegen, gegen die Literatur des Ausverkaufs aller menschlichen Interessen. Vergessen wir nicht die Schlacht gegen die Konterrevolution an allen Grenzen unserer möglichen Chiles.

1973

Der geflügelte Satz

1

Als wir eines Tages wußten
Daß das Wichtigste getan war
In unserem Land
Kamen wir uns auf einmal seltsam
Allein vor und eingermaßen verlassen
Und gedachten mit Bestürzung
Jenes Satzes der Klassiker:
Arbeiter aller Länder, vereinigt euch.

2

Und wir klappten die ausgelesenen
Bücher zu und saßen auf ihnen
Als hätten wir die Weisheit gepachtet
Und dachten wieder jeder an sich
Aber der Wind der Geschichte schlug
Eine abgegriffene Seite auf
Wo der unerwartete Satz stand:
Arbeiter aller Länder, vereinigt euch.

3

Doch wir wollten zur Tagesordnung
Übergehn, und der Tag war kurz
Und wir konnten uns auf nichts mehr
Besinnen als auf die nötigsten Handgriffe
Und kehrten uns schon den Rücken –
Da stieg hinter uns auf und stand schwarz da
Der geflügelte Satz:
Arbeiter aller Länder, vereinigt euch.

4

Aber wir beruhigten uns wieder
Und fuhren fröhlich in die östlichen
Kontore, uns zu beraten: doch an diesem Tag
Stockten alle Sätze, und unsre Länder
Verharrten in ihren Grenzen, in die eigenen
Pläne verbissen: und dunkel
Erinnerten wir uns
An jenen Satz, der
In alle Sprachen übersetzt ist:
Arbeiter aller Länder, vereinigt euch.

5

Und zwischen Essen und Trinken
Und Schlaf, wie an den anderen Tagen
Mußten wir zusehn
Dem furchtbaren asiatischen Krieg
Der Nordamerikaner, und sahn mit Erschrecken
Diesen Satz auf dem Papier stehn
Und beinah nur auf dem Papier:
Arbeiter aller Länder, vereinigt euch.

6

Wir, die einst nichts zu verlieren hatten
Als unsere Ketten, aber eine Welt zu gewinnen
Fragten uns nun erbittert:
Was haben wir gewonnen?
Was ist das für eine Welt?
Und wir sahn den geflügelten Satz schweben
Fern aber unwiderruflich
In unsern Gehirnen, mit mächtigem Schlag:
Arbeiter aller Länder, vereinigt euch.

Und als wir uns zur Ruhe legten
Erschöpft, und an nichts dachten, träumte uns
Daß, wie die Himmel und Flüsse
Wie das Gras, also natürlich
Unsre Arbeiten wachsen über den Kontinent
Und uns verbinden: da vor allem
Und stärker als je
Erschien uns der vertraute Satz
Wie eine Erleuchtung:
Arbeiter aller Länder, vereinigt euch.

1973

Nachweise

Eine große Zeit für Kunst?
Nicht eingeschickte Notiz während der Lyrik-Debatte, die im
Forum 8/1966 eröffnet wurde mit den Fragen: »1. Führt die
neue Stellung des Menschen in der sozialistischen Gesellschaft, wie sie insbesondere durch die technische Revolution
herbeigeführt wird, zu inhaltlichen und strukturellen Veränderungen der Lyrik? 2. Unter welchen Voraussetzungen sei-
tens des Autors und des Lesers kann Lyrik in unserer Gesellschaft Wirkungen zeitigen, und wie können diese beschaffen
sein? 3. Vor welchen hauptsächlichen Schaffensproblemen
stehen Sie zur Zeit?«

Künftige Bezirke des Sozialismus
Geschrieben für den *kürbiskern* 3/1968, München.

Arbeiter? Aristokraten!
Notiert für das Rundtischgespräch über Lyrik auf der Vor-
standstagung des Deutschen Schriftstellerverbands am 12. Dezember 1968.

Unsere Hoffnung ist das Wirkliche
Der Beitrag wurde auf der Wahlberichtsversammlung des
Bezirksverbands Berlin des Deutschen Schriftstellerverbands
am 12. März 1969 gegeben.

Über fünf Sätze von Lenin
Veränderter Text eines gekürzt im *Neuen Deutschland* am 22.
April 1970 gedruckten Artikels.

Umfrage der Zeitschrift ›Woprossy literatury‹
Erschienen in Heft 12/1970. Die erwähnten Inszenierungen
fanden erst 1972 (in Leipzig) und 1973 (in Karl-Marx-Stadt)
statt.

Wie Poesie?
Beitrag auf der Vorstandssitzung des Deutschen Schriftsteller-

verbands zu Fragen der Lyrikentwicklung am 29. Juni 1970; veröffentlicht in: *Mitteilungen* 11/12/1970.

Was gefällt dir an der Singebewegung?
Die Antwort wurde nicht gedruckt.

Politik und Poesie
Vortrag auf dem 2. Poetenseminar in Schwerin am 21. August 1971; veröffentlicht in: *Weimarer Beiträge* 5/1972.

Drei ausgelassene Antworten
Ursprünglich im Dokumentarfilm *Meine Waffen sind nicht zerbrochen – nur mein Herze brach* von Ulrich Weiß enthalten.

Tabus
Der Beitrag wurde auf der Mitgliederversammlung des Bezirksverbands Berlin des Deutschen Schriftstellerverbands am 27. März 1972 gegeben.

Unnachsichtige Nebensätze zum Hauptreferat
Geschrieben für die 7. Tagung der Bezirksleitung Berlin der SED.

Interview
Erschienen in: *Weimarer Beiträge* 10/1972.

Über die Bauweise neuer Stücke
Der Vortrag wurde auf dem Literatursymposium *Theater zwischen Tradition und Utopie* während der Klagenfurter »Woche der Begegnung '73« am 25. Juni 1973 gehalten.

Literatur und Geschichtsbewußtsein
Die Thesen wurden in der gleichbenannten Arbeitsgruppe am 15. November 1973 vorgetragen; veröffentlicht in *ndl* 2/1974.

edition suhrkamp

Alphabetisches Verzeichnis der edition suhrkamp

ISBN 3-518-00799